KB272567

사춘기 엄마
사춘기 아이

사춘기 엄마, 사춘기 아이

초판 1쇄 발행 2017년 06월 10일

글쓴이 박상연

펴낸이 김왕기
편집부 원선화, 이민형, 김한솔
마케팅 임동건
디자인 푸른영토 디자인실

펴낸곳 (주)푸른영토
주소 경기도 고양시 일산동구 장항동 865 코오롱레이크폴리스1차 A동 908호
전화 (대표)031-925-2327, 070-7477-0386~9
팩스 031-925-2328
등록번호 제2005-24호(2005년 4월 15일)
전자우편 designkwk@me.com

ISBN 979-11-88292-16-5 13370
ⓒ박상연, 2017

자녀와의 소통을 위한 엄마의 아이공부

사춘기 엄마

어렵지 않은 십대, 어렵지 않은 부모는 없다

사춘기 아이

박상연 글

푸른영토

먼저 부모부터 변해야 한다

아이는 내가 손 쓸 새도 없이 변해버렸다.

큰 아이가 중학교 2학년 올라갈 무렵, 그 시절은 떠올리고 싶지 않을 정도로 많이 힘들었다. 절대 자식만큼은 포기할 수 없는 게 부모 마음인데 포기하고 싶을 때도 있었다. 정확히 말하면 무서웠다. 자식이 두렵다는 생각을 할 만큼 그때의 나는 준비되어 있지 않았다. 아이도 나도 많은 시행착오를 겪으며 상처를 받았고 아물지 않은 채 살아가야 했다.

아이와 힘든 시간을 보내고 있는 부모들에게 꼭 전하고 싶은 말이 있다.

"부모가 변하면 아이도 변한다."

상담을 받기 위해 전문기관을 찾기도 하고 아이에게 진심으로 사과하는 내 모습을 보며 아이도 서서히 변해갔다. 고통과 상처 없이 아이를 키우기가 쉽지 않다. 별 이유도 없이 착했던 아이가 맹수처럼 달려들 때도 있지만 화를 내거나 다그치지 말아야 한다. '시간이 약이겠지'하며 방관하지도 말고 현명하게 대처해야 한다. 같은 실수를 반복하지 않도록 꾸준히 부모 공부를 해야 한다. 그러다 보면 평소와 다른 아이의 행동도 조금씩 이해하게 될 것이다.

아이를 키우며 힘들지 않은 사람은 없다. 그러나 부모가 아이를 더 힘들게 하는 건 아닐까 싶다. 버르장머리를 고치겠다며 아이를 삐딱하게 만들고, 직장일, 집안일에 치여 스트레스를 아이에게 푸는 부모가 얼마나 많은가. 그동안의 내 행동들을 생각하면 후회가 따른다. 아이의 입장에서 이해해주고 기다려줄 줄 아는 그릇의 엄마였다면 아이와의 사이가 긴 시간 동안 멀어지지는 않았을 것이다.

뒤돌아볼 줄도 알아야 하는데 앞만 보고 달려온 나는 아이와 사이가 그렇게 멀어진 줄도 몰랐다. 작년 초 불현듯 '이제 1년만 지나면 성인이 되어 독립을 하게 될 텐데 언제까지 이렇게 살아야 하지 생각이 들었다. 내게 더 이상 시간은 없었다. 하루라도 빨리 우리 둘 사이를 사춘기 전으로 돌려놓아야만 했다.

큰아이가 초등학교 5학년 때의 일이다. 갑자기 내게 외출을 요구하는 게 이상하다 싶었는데 미역국, 잡채, 과일 샐러드에 부침개까지 해서 근사하게 내 생일상을 차려놓았다. 행복해서 눈물까지 글썽였던 그 시절로 다시 돌아가야만 했다. 그래서 나는 책을 쓰기 시작했다. 그때 사춘기 아이와 나 사이에 무엇이 문제인지 알게 되었다. 그리고 전문상담사에게 가족 상담을 받았다. 그 경험을 통해 객관적으로 아이와 내 모습을 관찰할 수 있었다. 아이를 통해서 내 꿈을 이루려 했고 그래서 아이와 자꾸 부딪혔다는 것도 알게 되었다.

사춘기 아이에게 속수무책인 부모들이 많다. 사춘기 정점에 와 있는 아이들과의 사이가 나빠져 힘들어하는 부모들에게 이 책이 도움이 되길 바란다. 아이와 내가 겪었던 다양한 갈등사례들을 통해 사춘기를 가까이 들여다보면서 아이의 실제 마음을 읽어내고 공감하는 게 얼마나 중요한지 알게 될 것이다.

누구든 처음엔 실수가 있기 마련이다. 그러나 자녀에 대해서는 실수하지 말았으면 하는 간절한 마음이 든다. 처음 엄마가 된 부모들은 사춘기 공부를 해서 자녀와의 갈등에 현명하게 대처하길 바란다. 책을 쓰고 나니 민낯을 보이는 것 같아 부끄럽지만 나처럼 시행착오를 겪으며 힘들어하는 부모들에게 조금이나마 도움이 될 것이라고 믿는다.

박상연

차례

part 1

•••••

사춘기,
아이가 엇나갈까 봐 두렵다

01

엄마는
아이의 세상을
모른다

"너! 치마가 너무 짧잖아."

"다른 애들은 더 짧아. 요새 누가 길게 입어, 촌스럽게."

이제는 무슨 말만 하면 친구들까지 도매금으로 넘긴다. 친구 얘기에 꼬리를 내려야 했는데 말이 앞섰다.

"길이는 그렇다 쳐도 계단도 못 올라갈 정도로 통까지 줄여 놓았네. 다시 세탁소에서 늘려 놓을 테니 그리 알아."

말해 놓고 아차 싶었다. '이렇게 말하면 안 되는데….'

"뭐? 치마 늘리기만 해봐. 학교에 안 갈 거야."

사춘기의 아이에게 부모의 잣대만을 고집하면 위험 행동을 보일 수도 있다. 먼저 아이의 입장에서 생각하고 말할 줄 아는 아량을 가져야 한다. 요즘 그 나이 또래들의 특성을 파악할 필요가 있다. 또래들과 어울리기 위해서 하는 행동일 수 있는데도 자신이 세운 기준에서 벗어나면 아이를 몰아세운다. 사춘기 전에는 통했다 하더라도 이제는 아이가 변했음을 인지하고 사춘기 자녀를 대하는 법을 바꿔야만 한다. 싸움까지 갈 정도로 아이를 몰아가지 말고 적당한 선에서 타협할 줄 알아야 한다. 머지않아 아이가 쌓인 분노를 폭발해 버릴지도 모르기 때문이다.

아동·청소년상담센터를 운영하며 수천 명의 부모와 아이를 만나온 신철희 소장은 "아이의 삐딱한 행동 속에는 간절하게 원하는 바람이 숨어 있다"라고 강조한다. 부모들은 아이의 삐딱한 행동을 참아내기가 어려울 때도 있다. 정성껏 차려놓은 반찬들에 눈길도 안 주고 맨밥에 물을 말아서 1분도 안 되어 후루룩 먹고 일어날 때는 속이 상해서 밥이 안 넘어갈 정도이다. 부모가 무슨 말을 해도 "싫어"라는 대답만 할 때는 울화가 치밀어 올라 소리라도 지르고 싶다. 왜 그런지 알기라도 하면 답답하지 않을 것 같다. 아이와 제일 가까운 부모조차 진짜 속마음을 들여다보지 못한다.

아이들의 문제 행동 속에는 심리적인 문제가 담겨 있다. 아이의 나쁜 버릇이나 행동이 나타나면 원인을 파악해서 굳어버리기 전에 빨리 해결하는 것이 좋다. '문제 아이'는 없고 '문제 부모'만 있다고 한다. 부모로서 잘하고 싶었지만 표현방법이 잘못되지는 않았는지 되돌아보는 시간이 필요하다.

아이는 자라면서 부모에게 숨기고 싶은 것들이 많아진다. 게다가 자녀의 의사결정에 중요한 판단 기준이 되는 사람이 이제는 부모가 아닌 또래 친구들이다. 집 밖에서 친구들과 있는 시간이 많아질 때라, 엄마들은 아이에게 궁금한 게 많아진다. 아이의 속마음을 알고 싶어서 일기장을 훔쳐본 적이 있다. 큰아이의 일기장을 훔쳐봤던 건 초등학교 4학년 때로 기억한다. 평소와 다르게 하교 후에 집에 와서 한마디의 말도 없이 있는 게 이상하게 여겨졌다. 말을 시켜도 대꾸도 안 하고 집밖에 나가지도 않았다.

며칠 후 책상을 정리하다 아이의 일기장이 눈에 띄었고 나도 모르게 일기장을 펼쳐보고 그 이유를 알았다. 친하게 지내던 짝꿍이 다른 친구와 더 친하게 지내는 모습에 상처를 받았던 것이다. 한동안 우울해 하던 아이는 다른 친구와 친하게 지내며 짝꿍 일은 잊은 듯했다. 다행히 아이가 먼저 그 일에 대해 얘기를 꺼냈다.

"엄마, 나 요즘에 짝꿍 말고 부반장이랑 같이 다녀. 나랑 말이 통해."

사춘기 청소년들은 또래의 영향을 많이 받는다. 자기들끼리의 세계에 빠져들어 부모는 사춘기 아이가 어떤 생각을 하고 있는지 알 길이 없다. 아이의 마음속으로 들어가기 위해서 공감대를 형성해야 하고 사소한 이야기라도 털어놓을 수 있도록 늘 열린 태도로 대해야 한다.

'엄마에게는 무슨 말을 해도 돼, 모든 걸 다 이해해주실 거야'라는 믿음을 주는 게 가장 큰 과제다. 현재 아이의 세상이 얼마나 급변하고 있는지, 얼마나 스트레스가 많은지 알아야 한다. 나도 사춘기를 겪어 봤으니 아이를 이해할 수 있을 줄 알았다. 하지만 아무리 그때로 되돌아가 아이의 마음을 이해하려 해도 안 될 때가 많았다.

자녀의 사춘기를 이해하기 위해서는 부모의 노력이 필요하다. 전과 달라진 아이의 태도에 상처받지 않을 담대함을 키우고 느긋함을 유지해야 한다.

아이가 독립적인 존재로 변하기 위한 아이만의 공간을 주고 홀로 있는 시간을 주어야 한다.

 정리하기

- 아이는 부모의 잣대만을 고집하면 위험 행동을 보일 수도 있다. 아이의 기준으로 생각하고 바라보아야 한다.
- 사춘기 아이의 삐딱한 행동에는 간절한 바람이 숨겨져 있다. 부모는 아이의 나쁜 버릇이나 행동이 굳어지기 전에 해결해야 한다.
- 아이의 마음속으로 들어가기 위해서는 공감대를 형성해야 한다. 사소한 이야기라도 털어놓을 수 있도록 늘 열린 태도로 대해야 한다.

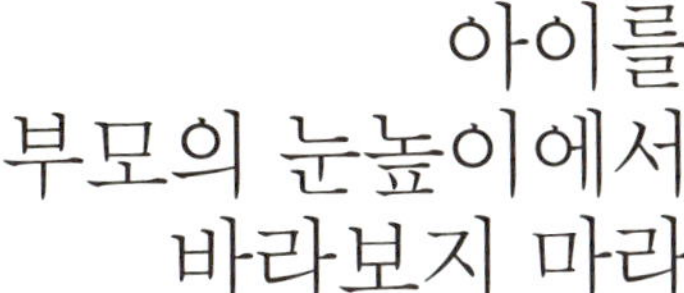

02

아이를
부모의 눈높이에서
바라보지 마라

큰아이가 일곱 살 때의 일이다. 실내놀이터에서 모래놀이방에 들어가려고 하면 "모래놀이하지 말고 블록놀이 하자. 블록으로 성 만들까?"하고 간섭하곤 했다. 모래에서 놀고 난 후의 일이 귀찮아져서 나도 모르게 말이 먼저 나왔다. 아이를 놀이터에서도 마음껏 놀지 못하게 했다. 아이의 눈높이에서 바라보지 못하고 당장 편한 것만 생각했다.

중학교 1학년 때에는 소개받은 영어와 수학 과외 선생님이 마음에 들어 무조건 등록부터 해버렸다. 후에 아이에게 통보만 하고 과외수업을 받게 했다. 하지만 수업시간에 별 이유 없이 10분씩 늦게 도착하여 함께 과외받는 친구에게 불편을 끼치게 되었다. 그렇게 시작한 과외는 3개월 만에 종지부를 찍어야 했다. 동기부여가 안 된 학생을 억지로 가르치며 받는 과외비용 때문에 고민이 되었다고 한다. 과외 선생님의 특단의 조치 덕에 아이는 억지로 과외를 할 필요가 없어졌고 과외비도 절약되었다.

무엇이든 간섭하려는 엄마를 둔 자녀들은 마음의 상처를 많이 받는다. 심한 경우 '엄마 없이는 아무것도 할 수 없는 아이'로 생각해 버린다. 아이들은 초등학교 2학년만 되어도 혼자서 판단할 수 있다. 대부분 부모와의 상호작용, 학교 및 학원에서 판단 능력이 길러진다. 아이에 대한 엄마의 책임은 아이가 커갈수록 줄여나가야 한다. 혼자서 심부름을 해냈을 때, 혼자 힘으로 숙제를 마쳤을 때, 아이가 느끼는 성취감을 위해서이다. 부모가 자기 마음의 건강을 유지해야 아이에게 미치는 영향력이 긍정적으로 작용한다. 예전과 달리 요즘에는 할머니, 이모, 고모 등 주변에서 아이에게 좋은 영향을 미칠만한 사람이 없다. 오로지 부모 손에만 맡겨지고 선생님도 아이들과 친밀한 관계를 유지할 수 있는 환경이 아니다. 그러므로 마음이 건강한 부모인지 아닌지를 깨닫는 것이 필요하다.

아주 어릴 때부터 고등학교 때까지 엄마를 집에서 거의 보지 못했다. 아빠와 함께 늘 장사를 하셔서 꼭 볼일이 생기면 가게로 가야 했다. 불행하지는 않았지만 그 시절 엄마의 부재로 인한 불안감은 아이와 나의 건강한 상호작용에 불리한 영향을 미치게 되었다. 도와줄 사람이 없었기에 서투른 집안일을 스스로 해내야 했다. 초등학교 2학년 때 솥단지 안에 있던 물이 팔팔 끓고 있어서 혼자서 부뚜막에 올려놓으려다 입은 무릎의 화상 자국은 지금도 남아있다. 그런 경험들이 아이를 과보호하게 된 원인이 된 것 같다.

결혼 후 큰아이를 낳고 보니 나는 여느 부모처럼 아이가 하는 모든 행동이 불안해 보였다. 늘 아이가 다칠까 노심초사했다. 위험한 상황이 생기지 않게 조심하고 또 조심했다. 둘째 아이를 키울 때는 육아 노하우가 생겼는지 큰아이 때와 달랐다. 4살 때부터 요리를 같이하며 주방도구도 주고 음식 재료도 줘서 하고 싶은 대로 하게 했다. "같이 요리할래?" 하면 아이는 신이 나서 달려왔다. 7살 때부터는 과도로 애호박도 썰게 했다. 사실 다칠까 두려워 곁에서 눈을 떼지 못했지만.

가끔 부모를 놀라게 했지만 둘째는 응급실 한번 갈 일 없이 잘 커 주고 있다. 4살 때 호수공원에 놀러 갔다가 없어져서 5분 동안 애가 타게 찾으러 다닌 적이 있는데 길을 잃었던 건 아니고 일부러 공중화장실 담벼락에 숨어서 내가 애타게 찾는 것을 즐기고 있었다. 7살 때는 자다 오줌을 싸서 옆집에 가서 소금을 받아오라고 했다. 장난이었는데 진짜 소금을 받아올 정도로 배짱이 두둑했다.

뭐든지 "~해야 해"라는 말로 표현하는 사람이 많다. "오늘은 이 옷 입어야 해", "내일까지 꼭 학습지 해야 해" 등은 선택하고 결정해서 행동하게 하는 게 아니라 강요만 하게 되는 말이다. 아이가 4살만 되어도 개성과 취향이 생겨서 스스로 옷을 고르고 싶어 한다. 그런데 일일이 부모가 정해준다면 그때부터 엄마와 아이의 실랑이가 시작된다.

독일의 자기 관리 전문가 마르코 폰 뮌하우젠 박사는 "~해야 해"라는 말을 "할래?", "하고 싶어?"라는 말로 바꾸라고 한다. 말만 바꾸어도 아이의 인생이 달라진다는 표현의 중요성을 강조하고 있다. 성인들도 지시형의 말보다는 권유형의 말을 들을 때 기분이 좋아지고 할 마음이 생기는 법이다.

부모의 눈높이로 보면 사랑하는 아이에게 좋은 옷만 입히고 좋은 음식만 먹이고 싶을 것이다. 내 아이가 영재일지도 모른다며 조기 교육을 시키려는 마음도 이해한다. 나 또한 아이가 백일도 안되었을 때 조기교육의 중요성을 논하며 백만 원이 넘는 전집을 두 세트나 사기도 했다. 그만한 경제력이 되든 안 되든 그건 모두 엄마의 몫이라고 생각한다면 놓치지 말아야 할 것이 있다.

아이를 위해 해주는 것들이 혹시 자기만족을 위한 것이 아닌지 잘 생각해 보아야 한다. 아이의 만족을 고려하지 않은 일들로 인해 오히려 나쁜 결과를 초래할 수가 있다. 과한 것은 부족한 것만 못하다. 자녀에게 온통 집중되어 있어 뭐든지 다 해주려 하는 부모들의 자녀가 사회생활에서 적응하기가 더 힘들 수도 있다.

최근에 들었던 지인의 팀원에 대한 이야기는 부모로서 더욱 느끼는 바가 컸다. 하루는 신입사원이 출근 시간이 지나도 오지 않기에 휴대폰으로 전화를 걸었다. 그랬더니 신입사원의 어머님이 받았다고 한다. 그 어머니는 "우리 애가 감기로 몸이 좀 아파서 오늘 출근하기 어려울 것 같습니다" 하며 대신 사과를 전했다고 한다. 아무리 아파도 직장에 병가를 내야겠다는 전화 한 통 못할까 싶었다. 결국 얼마 못 가 힘들다며 회사를 그만두었다고 한다.

아이의 눈높이로 보면 부모의 부담스러운 관심이나 행동은 사랑으로 느껴지지 않을 수 있다. 필요로 할 때 원하는 만큼만 주는 지혜가 필요하다. 사랑하는 내 아이에게 부담을 주고 싶지 않다면 재테크나 세테크처럼 '愛테크'를 배워라. 사랑을 제대로 쓰지 못하고 전하지 못한다면 우선 스스로 점검해 볼 필요가 있다.

첫째, 아이가 주는 신호를 제대로 읽고 있는가? 왜 짜증을 내는지, 왜 입을 닫고 방문을 닫고 들어가는지를 알아낸 뒤 반응해야 한다.

둘째, 엄마의 사랑을 잘 전달하고 있는가? 아이에게 무조건 주는 게 사랑은 아니다. 상황에 맞는 대처를 통해 올바른 방향을 제시해 주는 현명함이 필요하다. 자칫 상처를 줄 수도 있으니 무엇을 어떻게 줄지를 배워야 한다.

셋째, 아이에게 어떤 피드백을 받는가? 아이와 부모 간의 애착 관계가 건강한지 아닌지를 점검해야 한다.

통장에 쌓이는 이자처럼 아이에게 받는 사랑이 쌓여간다면 성공한 것이다. 그동안 자녀에 대한 사랑이 넘쳐서 낭비한 일이 없는지 점검해 볼 필요가 있다. 자녀의 눈높이에서 꼭 필요한 만큼만 사랑을 주는 부모가 되어라.

정리하기

- 아이의 눈높이에 맞춰 공감해줘야 한다. 부모의 생각대로 말하고 행동하지 말지 말자.
- 아이들은 초등학교 2학년만 되어도 혼자서 판단할 수 있다. 판단 능력을 길러 주려면 아이에 대한 엄마의 책임을 줄여나가야 한다.
- '~해야 해'가 아니라 '~할래?' '~하고 싶어?'로 표현을 바꾸자. 말만 바꾸어도 아이의 인생이 달라진다.
- 아이의 눈높이로 보면 부모의 관심과 행동은 사랑이 아닐 수도 있다. 필요할 때 원하는 만큼만 주는 지혜가 필요하다.

03

아이는 공부라는 단어만 들어도 스트레스를 받는다

학생들이 가장 듣기 싫어하는 말은 십중팔구 "그만 놀고 공부해"일 것이다. 한창 놀 나이인 초등학교 2학년 때부터 "공부하자"라는 말을 달고 사는 엄마들도 있다. 큰아이는 초등학교 4학년 때까지 말을 잘 들었다. 5학년 때부터 공부하라는 잔소리에 말대꾸했다. 오히려 공부라는 말을 꺼내면 더 공부를 안 하려고 했다.

TV의 모 프로그램에 출연한 초등학생의 말에서도 공부하라는 말이 주는 스트레스가 얼마나 심각한지 알 수 있다.

"저는 초등학교 4학년 여학생이에요. 세상사는 게 벌써 너무 힘들게 느껴져요. 저희 엄마 때문이에요. 제가 다니는 학원은 영어, 수학, 역사, 미술, 피아노 등 주말에 가는 논술학원까지 9개나 되요. 주말이면 집에서 늦잠을 자고 싶어도 토요일 아침에도 학원에 가야 해서 항상 잠이 모자라요.”

초등학교 4학년 여학생이 세상살이가 힘들고 잠이 모자란다는 말을 듣고 못내 안타까웠다. 방청석에 앉아 있던 엄마가 인터뷰하며 정 싫으면 두세 개는 빼주겠다면서도 말끝을 흐리며 아쉬워했다.

큰아이도 영어, 수학, 논술, 예체능 학원 등 다섯 군데나 다녔던 적이 있다. 그게 다 아이에게 엄마의 말이 먹힐 나이여서 가능했던 것이다. 방송에 나왔던 엄마와 비슷한 엄마들이 수두룩하다. 아이가 힘들어하면 다시 생각해 보아야 하는데도 학원 탓, 선생님 탓으로 돌리며 욕심을 버리지 못한다.

영어, 한자, 워드프로세서, 한국사검정능력시험 등 각종 자격증을 따게 하려고 부단히 노력한 게 큰아이 때 한 번뿐이라 참 다행이다. 두 살 터울인 둘째 아이는 언니 덕을 톡톡히 봐서 그런 시련은 당하지 않았다. 아이 셋을 키우며 터득하게 되는 것을 가끔 직장 후배들에게 조언해 줄 때가 있다. 그 때마다 큰아이에게 미안한 생각이 든다. 첫째 아이로 태어나서 공부 의욕이 넘치는 엄마로 인해 각종 교육 매체들에 휘둘려 스트레스를 받아 힘들어했다. 그때는 조금만 참자며 위로도 해보고 선물도 주며 어떻게든 구슬려서 겨우겨우 다니게 했다.

부모들은 아이에게 조금 더 가르치고 싶은 욕심을 갖고 있다. 부모 자신이 가졌던 열등감을 아이가 대신 극복해 주길 바라고 못다 이룬 꿈을 실현해주길 바라기 때문이다. 문제는 부모의 한을 풀기 위해 아이에게 온갖 것을 시키다 보면 아이는 알아차린다.

“난 엄마 인형이 아니야. 이제 엄마가 하고 싶은 건 직접 해. 나에게 시키지 말고. 내가 하고 싶은 건 따로 있어."

수년 전에 지인을 통해 알게 된 아주 특별한 아이가 있다. 힘든 가정 형편에 공부량도 많았지만 스트레스를 받지 않으면서도 성적이 뛰어났다. 그 아이는 4명이나 되는 동생들의 공부도 봐주며 주말 아르바이트를 하며 외고에 다녔다. 고등학교 3년 내내 삼성의 장학금까지 받았고 지금은 국내 대학에 다니며 하버드 대학에 입학 허가를 기다리고 있다. 집안 형편이 어려워서 학원에 다니지도 못했지만 누가 시키지 않아도 즐겁게 공부했다. 각종 장학금을 거머쥐기 위한 서류작성 및 자기소개서도 혼자서 척척 해냈다. 말이나 행동에서 여유가 느껴질 정도로 느긋한 아이였는데 부모가 먼저 공부하라고 한 적이 없었다. 성적이 잘 나와도 선물 한 번 받은 적이 없었다. 불평은커녕 공부가 즐겁다고 말했고 언제나 자신의 일은 스스로 해냈다.

때론 공부하라는 말보다 무관심이 공부하는 데 더 도움이 된다. 좋은 말도 두 번, 세 번 들으면 짜증이 나고 스스로 공부할 만한 동기가 없을 때 공부하라는 말은 잔소리처럼 들린다. 아이들에게 잔소리는 소용이 없다. 성적표가 오는 날 아이들의 성적이 떨어졌으면 "엄마가 보기에 열심히 공부한 것 같은데 성적이 떨어져서 속상하겠구나. 열심히 하고 있으니 곧 성적이 오를 거야"라는 말로 위로하고 스스로 공부할 수 있는 분위기를 조성해 주어라.

언젠가 지나가던 중학교 남학생 두 명이 하던 말이 생각난다.

"야, 난 집에 가면 죽었어. 엄마가 내 성적표 보면 엄청 화낼 거야."

"난 혼날까 봐 아예 찢어버렸다."

떨어진 성적을 꾸중한다고 될 일이 아니다. 아이가 꾸중을 들을 것이 두려워 성적표까지 찢어버리는 행동을 유발하게 된다. 원인을 찾아내어 맞는 처방을 해줘야 하는데 공부하라는 잔소리와 꾸중은 아무 쓸모가 없다.

아이와 다투지 않는 현명한 부모가 되기 위해선 아이를 덜 사랑하라고 충고하는 이가 있다. 광고인 박웅현은 "무관심하라. 아이를 향한 사랑의 크기는 키우되, 부모의 욕심이 투영된 사랑을 경계해야 한다"고 말한다. 그는 "자식을 내 인생 최고의 작품으로 보거나 인생의 종합성적표로 보는 시각도 위험하다"고 경고한다.

아이들에게 가끔 하는 말이 있다.

"엄마는 너희들이 책상에 앉아 있을 때가 제일 좋다."

아이들이 스트레스를 덜 받으면서 공부하라고 말하고 싶을 때 썼던 말이다. 학교에서 야간자율학습을 하고도 집에 와서 12시까지 책상에 앉아 있을 때면 저절로 그런 말이 나왔다. 직설 화법보다는 간접적으로 표현하는 게 훨씬 효과적이었다.

시어머니는 대학교에 가고 싶어도 형편이 어려워 갈 수가 없었다. 공부에 대한 아쉬움이 많아서인지 손주들이 학교에서 상장을 받거나 시험을 잘 봤을 때 용돈을 많이 주신다. 다음 시험을 위해 스스로 계획표를 짜고 성적 향상을 위한 문구를 써서 책상에 붙여 놓고 스스로 성적을 관리하는 것을 보면 용돈이라는 당근도 참 매력적이다.

남편의 직장 동료는 아이들과 대화를 자주하고 평소 책도 많이 읽어준다.

"아빠가 너희들의 머릿속은 채워줄 수 있다. 즉, 공부한다면 집을 팔아서

라도 도와주마. 노후에는 연금으로 생활하면 된다. 그러나 물려줄 재산은
없다.”

그는 아이들에게 잔소리처럼 얘기하지는 않는다. 진실하게 대하는 아빠
의 모습에서 자녀들은 결코 잔소리한다는 느낌을 받지 않을 것이다.

스스로 공부할 수 있을 때까지 기다려줄 만한 여유를 가져야 한다. 조급
한 마음으로 하는 말은 도움이 되지 않는다. 당장 성적이 오르지 않는다고
좌절할 필요가 없다. 성적에 따라 미래가 결정되지는 않는다. 육군 사관학
교 입시에서 두 번이나 낙방한 윈스턴이 세 번째 시험에서 합격할 수 있었
던 것은 아들에 대한 어머니의 애정과 관심 때문이다. 내 아이가 잘되기를
바란다면 공부하라고 스트레스를 줄 게 아니라 잠재력과 가능성을 믿어야
한다. 누구나 세상에 필요한 능력을 갖추고 있기 때문이다.

정리하기

- 아이를 더 가르치고 싶은 건 부모 자신이 가졌던 열등감을 아이가 대신 극복해 주길 바라기 때문이다.
- 공부하라는 말보다 무관심이 공부하는 데 도움이 된다. 내 아이가 잘되기를 바란다면 스스로 공부할 때까지 기다려라. 조급한 마음으로 하는 말은 도움이 되지 않는다.
- 공부하라는 잔소리는 스트레스만 준다. 잔소리 대신 아이와 자주 대화를 나누고 책도 읽어 주어라.

비교는
부모와 아이 사이를
멀어지게 한다

한때 박태환이나 김연아 같은 유명 스포츠 스타의 부모가 부럽다는 생각을 한 적이 있다. 운동에 재능이 전혀 없는 우리 부부에게서 나온 아이들에게는 미안하지만 그들의 부모는 세계를 돌아다니면서 여러 가지 경험을 할 것이라 생각하니 부러웠다. 그러나 내 아이들이 수영이나 피겨스케이팅을 잘했으면 하는 욕망은 없었다. 그런 것에 정열을 불태우는 사람을 대단하다고 생각했지만 나 자신이 그런 것에 대한 가치를 느끼며 부러워하는 것은 아니었다. 세계무대에 나가서 기록을 세우는 모습을 TV로 지켜보며,

"김연아 선수처럼 완벽한 사람은 없는 것 같아, 어쩜 저렇게 예쁘니."

아이들 들으라고 하는 소리는 아니었지만 나는 그때 둘째 딸이 하는 말을 분명히 들었다.

"김연아 엄마가 예쁘니까, 김연아도 예쁘지."

아차 싶었다. 비교당하는 것을 유달리 싫어하는 둘째는 바로 말대꾸를 했다. 큰 애가 옆에서 킥킥거리며 웃고 있었다. 비교는 하지 말아야 한다. 자칫 잘못하면 자식에게 비교당한다. 생각해보니 엄마는 다섯 형제를 키우며 한 번도 남의 자녀들과 비교하지 않으셨다. 다섯 아이를 키워 낸 엄마의 내공이 느껴졌다.

높은 지위를 얻은 사람들, 부자들, 예쁜 사람들, 세계적 석학으로 명성이 높은 사람들이 참 부럽기도 했다. 내가 갖지 못한 것이기 때문이다. 높은 나무에 달린 포도를 못 먹는 여우가 신 포도라고 변명하는 것처럼 부러운 것에 대해 안 부럽다고 하는 것보단 나을 수도 있다. 그러나 사람은 타고난 재능과 시간이 한정되어 있어 모든 것을 다 잘할 수는 없다. 인생을 조금이라도 더 즐기는 방법을 고민하는 것이 현명하다. 남과의 비교는 패배의식만 생긴다.

한국 청소년의 외모와 성적에 대한 만족감은 다른 나라보다 크게 낮다. 부모와 사회가 정한 기준에 맞추느라 남과 비교하는 분위기에서 생긴 위축감 때문인 것으로 보인다. 사람들은 사소한 일도 초조해 하며 산다. 비교하는 것이 습관처럼 굳어지지 않도록 신경 써야 한다. 정말 미치기 일보 직전까지 자녀를 몰고 가지 말아야 한다. 집에서 탈출하고 싶게 만드는 부모가 돼서는 안 된다.

아이를 키우는 부모라면 누구나 최고로 키워야 한다는 욕심을 가지고 있다. 문제는 그런 욕심이 다른 이에게 어떻게 평가될지 지나치게 신경 쓰고 있다는 것이다. 내 아이와 다른 아이를 자꾸만 비교하게 된다. 비교하는 엄마의 아이는 내성적이고 사람들의 눈치를 잘 보고 친구들과 잘 어울리지 못한다. 그러나 묵묵히 기다려주는 지혜로운 엄마의 아이는 성격이 활달하고 친구들과 잘 어울린다. 당장 잘하지 못해도 응원해주고 잘할 수 있을 때까지 기다려주는 현명한 엄마가 되라는 것이다. 많은 사람들이 다른 사람과 자신을 비교하면서 별것도 아닌 일로 자신을 깎아내린다. "열등감은 남과 자신을 비교하는 것에서 비롯된다"고 세계적인 임상심리학자 폴 호크는 말한다. 비교는 자신을 있는 그대로 받아들이지 못하고 다른 사람에게 자신이 어떻게 평가될 지에만 신경 쓰게 된다. 아이를 키우는 부모들은 먼저 자신에 대해 점검해보고 치료가 필요하다면 전문가의 상담을 받아서라도 완치를 해야만 한다. 당당히 자녀를 키울 수 있는 힘을 키우기를 바란다.

비교는 조급증을 낳게 된다. 아이들의 발달 단계에 맞게 교육하는 것이 중요한데 특별한 아이를 만들고 싶은 욕심이 아이들을 병들게 한다. 아이의 두뇌 성장을 촉진한다며 온갖 조기 교육을 만들어내는 시대이니 비교하는 부모의 욕구는 커져만 간다. 아무리 기술이 발달한 시대라지만 부모의 조급한 욕심으로 단시간에 아이가 성장하기를 바랄 수 없다.

큰딸이 유치원에 갈 나이가 되어 여기저기 소문난 곳을 알아보다 그 당시 유행하던 영어유치원에 보내게 되었다.

"유치원에 가기 싫어, 어린이집에 갈래."

"이제 유치원에 다녀야 해. 다른 친구들도 모두 유치원에 가잖니."

며칠 동안을 유치원에 데려다줄 때마다 울었다. 잠시 마음이 흔들렸지만 아이의 마음을 헤아리기보다는 어떻게든 달래가며 다니게 했다. 아이에게 좋은 게 뭔지 고민해보지도 않고 남들이 좋다니까 무조건 보냈다. 다른 아이들도 학교 가기 전에는 유치원에 다니니까 그래도 되겠다 싶어 아이를 힘든 상황으로 몰고 갔다. 겨우 졸업은 했는데 다니는 동안 아이는 즐거워하지 않았다. 아이의 상황에 맞는 교육이 필요한데 부모들의 비교하는 습관은 마치 어른의 옷을 아이에게 억지로 입히는 것과 다름없다.

"오늘은 ○○영어학원 테스트를 받으러 가야 해."

"또? 아, 몰라. 이제 테스트 안 받을래."

큰아이가 중학교 1학년 겨울 방학 때부터 학원가 순회를 했다. 난 퇴근 후에도 학원을 알아보느라 쉴 수가 없었고 아이는 테스트받는 것에 거부감이 커졌다. 그때부터 아이와 사이가 벌어지기 시작한 것 같다. 뭐든 맘에 들면 아이에게 적용해 보려고 부단히 애썼다. 정말 애만 썼다. 학생 본인의 의지로 선택하지 않는 사교육은 공부습관과 학업 신장에 별 도움이 되지 않는다는 것을 겪어본 후에야 깨닫게 되었다.

중학교 1학년 때부터 고등학교 1학년 때까지 정말 갖은 노력을 했다. 큰아이는 원하지 않는 일을 자꾸 벌이는 나에 대해 늘 불만이 많았다. 아이가 고등학교 2학년이 되어서야 공부는 스스로 하려고 하는 마음이 생길 때 하는 것이 효과가 크다는 걸 알았다. 혼자서 공부를 할 때나 스스로 원해서 학원에 다닐 때가 가장 성적이 잘 나왔다. 교육문제로 아이를 많이 힘들게 했고 사이가 나빠질 대로 나빠진 후에야 학원 순회를 멈추게 되었다. 과한 나의 욕심 때문에 아이의 공부도 놓치고 사이도 멀어지게 되었다.

 **정리하기**

- 비교하는 엄마의 아이는 내성적이고 사람들의 눈치를 보게 된다. 비교는 열등감의 원인이 되고 조급증을 유발한다. 잘할 수 있을 때까지 기다려주고 응원해 주어라.
- 학생 본인의 의지로 선택하지 않은 사교육은 공부습관과 학업 신장에 도움이 되지 않는다.

남녀공학이
아이와의 사이를
더 멀어지게 한다?

　큰애가 중학교 2학년이 되면서 아침이면 1시간 동안 몸단장을 했다. 그 때문에 아침밥을 거르는 날이 많아졌다. 그럴 때마다 아침밥 먹고 가라는 나와 싫다고 뿌리치는 아이는 실랑이를 했다. 이게 다 남녀공학 중학교에 다니기 때문인 것 같아서 남녀분반 하라고 교육청에 건의하고 싶을 정도였다.

　내 속도 모르고 아이는 날이 갈수록 더 외모에 신경을 썼다. 머리 정수리에서 냄새가 나는 것 같다며 머리를 아침에 감고 저녁에 또 감기도 했고 분명히 얼굴에 화장기가 있는데 물어보면 화장을 안 했다고 했다. 처음에는 모른 척 눈감아 줬는데 점점 입술색까지 진해져서 화장품을 어디서 샀냐고 캐물었다. 너무 저가 브랜드여서 품질에 믿음이 안 가 어쩔 수 없이 직접 사다 주기도 했다. 게다가 학교에 서클렌즈를 끼는 아이들도 있는지 자기도 사면 안 되냐고 묻기에 딱 잘라 안 된다고 했다.

어느 날 아이 방에서 싸구려 서클렌즈를 발견했다. 화가 나서 해당 안경점으로 달려갔다. 아이들이 사러 오면 무조건 팔 게 아니라 부모와 다시 오라고 해야 할 게 아니냐며 따졌다. 그렇게까지 하고 싶진 않았지만 이런 일이 또 생긴다면 동네 지인들에게도 알려서 불매운동을 벌일 수도 있음을 넌지시 알리고 왔다.

사실 이렇게 예민하게 반응한 이유는 있었다. 서클렌즈 후유증이 심각한 지인의 눈을 보고 무척 놀란 적이 있어서이다. 함께 일하던 사무실 여직원의 이야기이다. 그녀는 눈동자가 크고 유난히 색이 짙었다. 나는 그 여직원의 눈이 참 예쁘다는 생각을 하고 있었다.

어느 날 1박 2일 MT를 가게 되어 숙소에서 세수하고 쉬고 있는데 잠깐 민얼굴을 드러낸 여직원의 눈을 보고 큰 충격을 받았다. 눈동자는 기이한 회색으로, 마치 공포영화에나 나올 법한 눈동자를 지금도 잊지 못할 정도이다. 몇 년 동안 항상 까만 서클렌즈를 끼다 보니 눈동자가 탈색되어 버렸다는데 나는 할 말을 잃었다.

"친구들 만나서 밤새워 놀 때도 전 이 렌즈를 벗어본 적이 없어요. 이젠 눈동자가 완전히 회색이 되어버렸어요. 눈동자 색이 다시 돌아올 수 있다면 수술도 하고 싶어요"라며 우울해 했다.

아이에게 서클렌즈의 후유증이 얼마나 심각한 지 알리고 그것만은 허락할 수 없다며 큰 목소리를 냈다. 아이가 대들어도 어쩔 수 없었다. 남편은 평소에 잔소리도 안 하고 간섭도 안 했지만 그 일은 남편도 나와 같은 생각이

었기 때문에 아이가 포기하도록 옆에서 말을 거들어 줬다.

당시에는 중2 때부터 외모를 가꾸는 데 시간을 소비하는 게 다 남녀공학 때문이고 그래서 아이와의 사이가 더 멀어지게 되었다며 불만을 쏟아내곤 했다. 외모 가꾸기에 치중하는 게 보기 싫어서 옷을 사달라고 조를 때도 모른 체했다. '남녀공학만 아니면 이런 실랑이도 안 벌일 텐데….'라며 모든 것을 남녀공학 탓으로 돌렸다.

서울을 제외한 지방 대부분의 중고등학교는 남녀공학으로 운영되고 있다. 사회에 나가기 전 남성과 여성의 이해도를 높여 주고 성 평등 의식의 함양이라는 취지로 남녀공학이 시작되었다. 그러나 소위 명문고라고 불리는 고등학교는 남고, 여고로 변함없이 운영되고 있다. 공학에서 분학으로 전환한 학교도 있는 것을 보면 장점보다는 단점이 더 많기 때문인지도 모른다. 오랜만에 남녀공학 고등학교에 근무하게 된 교장이 쓴 글이다.

"남녀학생이 점심시간에 손을 꼭 잡고 줄을 서서 배식을 기다리는 경우가 종종 있어요. '우리 이렇게 사귑니다'라며 알리는 것 같기도 하고, 손잡고 딱 붙어 다니는 모습을 보니 교장의 입장에서는 심기가 여간 불편한 것이 아닙니다."

커플 학생들의 도가 지나친 행동에 심기가 불편해하는 교사들의 마음이 충분히 이해가 되었다.

"교장의 입장에서 학생들의 복장, 손톱 모습, 화장한 얼굴, 염색한 머리, 커플 반지 등을 볼 때마다 여러 가지 생각이 들 때가 많습니다."

학생이면 대부분 콤팩트 하나쯤은 책가방에 넣고 다니며 수시로 학교에서도 바르고 다니는 데 무조건 반대할 수도 없는 실정이다. 학부모운영위원회 등에 가보면 부모들이 어느 정도 묵인하고 있는 편이고 심지어 눈에 색조 화장까지 한다는 얘기도 들린다. 한 교사는 아이들이 화장을 못 하게 해달라며 학부모들에게 부탁까지 했다.

"제가 오랜만에 남녀공학 고등학교에 근무해보니, 학생들이 건전한 이성 교제 수준을 넘어 깊게 사귀는 경우가 생각보다 많은 것 같습니다."

몇몇 학교가 교칙으로 정하기는 했지만 학교에서 교칙으로 정하지 않는 이상 이성 교제를 말릴 수 없다고 한다. 교사입장에서도 애정 표현을 적극 제지할 수 없어 답답하지만 이게 현실이라고 한다. 게다가 학교폭력 피해자와 가해자의 관계를 들여다보면 이성 교제 문제가 중간에 개입된 경우가 있다고 한다. 자연스러운 이성 교제를 억지로 말릴 수 없다는 것을 알지만 학교폭력으로 번지게 될 수도 있는데 손 놓고 있을 수 없으니 학교의 고민이 커질 수밖에 없다.

외모 가꾸기에만 치중하는 아이 때문에 심사가 좋지 않을 때 우연히 아이와 남자친구 둘 사이에 낀 적이 있었다. 집에서는 퉁명스러운 애가 남자친구와 있을 때는 소녀 같은 모습이었다. 의외의 모습을 보며 내가 중학교 2학년 때 좋아하던 오빠가 생각났다. 깎아 놓은 듯 반듯한 외모는 내 마음을 두근거리게 했고, 어떻게 하면 내게 관심을 가질까 고민도 했다. 기타를 치며 노래하는 모습에 반했던 것 같은데 사실 그 오빠는 두 살 터울인 언니를 좋아했다. 속으로만 좋아하고 보내지도 못할 편지를 몇 장씩 쓰며 묘한 감정을 느끼며 밤을 새우기도 했다.

어른이 되어보니 참 아름답고 소중한 경험이었다. 살면서 그런 감정은 다시 느껴볼 수 있을 것 같지 않았다. 나와 같은 감정으로 내 아이도 이성 교제를 한다고 생각하니 마음이 좀 누그러졌다. 그 일로 나는 아이에게 좀 더 살갑게 대하며 탈 없이 건전한 교제를 할 수 있도록 조심스럽게 조언도 했다. 무조건 반대만 해서 미안하다며 사귄 지 100일이 되었을 때는 함께 선물을 골라주기도 했다. 한동안 아이도 내게 퉁명스럽지 않게 대하며 남자친구와 잘 지내고 있는지 물어보면 단답형으로 대꾸해주었다. 그 나이에는 이성에 대한 관심이 오히려 성인보다 더 크다는 것을 잘 알고 있다. 다만 마음과는 다르게 남자친구를 부모 이상으로 생각하는 아이의 행동에 질투가 났던 것 같다.

이성 교제를 받아들이기가 쉽지 않았지만 이해하려고 노력했다. 아이를 키우며 어쩔 수 없이 타협해야 할 때도 잘못한 것을 반성할 때도 나는 마음에 걸리는 게 없도록 진심으로 대했다. 뒤돌아보면 후회되는 행동과 잦은 실수들로 신뢰를 받지 못한 적도 많았지만 좋은 부모가 되고 싶다는 간절함이 있었다. 아이와 멀어지기만 하는 것 같아 고민이 많을 때 더욱 간절해졌다. 내가 책을 쓰게 된 이유이기도 하다.

좋은 부모가 되려고 책을 쓰기 시작했지만 한때는 보잘것없는 내공으로 무슨 책을 쓰나 싶기도 했다. 그러나 고비를 겪고 제 갈 길을 잘 찾아가고 있는 아이를 보니 내게도 이거다 싶은 육아 노하우가 생겼다. 엄마로서 잘못한 게 있고 후회되는 게 있으면 그 즉시 사과하려고 노력했다는 점이다. 당시에는 진심으로 사과할 수 없을 때조차 그렇게 했다. 사실 지나고 보면 진심으로 사과해야 하는 명분이 떠오른다. 슬쩍 넘기려 해서는 안 된다. 그럴수록 아이는 더 나를 멀리했기 때문에 가능하면 바로 사과를 했다. 여러 가지 면에서 따져 보면 나는 너무도 부족한 엄마였지만 아이들에게 최악으로 남지 않기 위해 후회하고 노력할 줄은 아는 엄마였다. 지금도 그 노력은 진행 중이다.

사춘기의 이성 교제는 정말 조심스러운 것이라 부모 입장에서 환영할 수는 없다. 하지만 나도 그런 감정을 느꼈었다는 기억을 되살리며 아이를 이해하며 바라보려 했다. 그렇게 마음을 먹고 나니 한결 마음이 편해졌고 남녀공학이 아이들의 이성 교제를 조장한다며 흥분하지 않게 되었다.

아직도 남녀공학이 아이와의 사이를 멀어지게 했다는 생각은 변함이 없으나 얻은 것도 있다. 과거의 내 모습에서 아이의 현재 모습을 이해하고 아이의 이성 교제를 바라보는 시야의 폭이 넓어졌다. 사회에 나가면 동성이든 이성이든 사람들과 어떻게 관계를 맺고 적응을 하느냐에 따라 삶이 유연해질 수도 피곤해질 수도 있다. 그 또래의 이성 교제로 성장할 수 있는 부분이 바로 사람과의 관계를 통한 자아 성찰이다.

- 남녀공학의 본래 취지는 이성에 대한 이해도를 높이고 성 평등 의식을 함양시키기 위함이었다. 그러나 요즘은 취지가 무색해지고 이성 교제를 하는 학생들이 많아졌다. 교내에서의 애정 표현도 적극적으로 제지할 수 없는 상황에서 부모들의 지도가 필요할 것이다.

- 누구나 자신만의 육아 노하우가 있다. 책을 통해 얻기도 하고 강의를 통해 얻기도 하며 자녀를 키우며 저절로 터득하기도 한다. 각자의 노하우를 통해 좋은 부모가 되기 위해 노력하면 아이는 제 갈 길을 잘 찾아간다.

- 사춘기의 이성 교제를 통해 아이들은 사람들과 어떻게 관계를 맺고 적응하는지를 배우기도 한다. 부모의 과거 모습을 통해 아이의 모습을 이해하고 아이의 이성 교제를 바라보는 시야를 넓혀라.

아이를
키우는 일은
생각처럼 쉽지 않다

막내아이를 임신한 몸으로 남편 후배의 결혼식에 간 적이 있다. 열 살, 여덟 살, 두 아이를 데려갔고 임신 8개월이어서 몸이 무거운 상태였다. 작은애는 결혼식장 여기저기를 제집인 양 뛰어다녔다. 옆자리 손님들에게 불편을 끼칠까 싶어 아이들을 살피느라 마음껏 음식을 먹을 수도 없었다. 이 와중에 남편은 몇 년 만에 만난 사람들과 헤어지기 싫어하는 눈치였다. 나는 마음속으로 남편이 짧게 인사만 하고 나왔으면 좋겠다고 생각했지만 남편은 이렇게 말했다.

"여보, 나 오랜만에 만난 선후배들과 술 한잔 하고 가면 안 될까?"

남편의 마음을 이해하면서도 속으론 야속했다. 결국 아이들을 태우고 한 시간 거리를 운전하며 집으로 돌아가는 동안 결혼식장에서 뛰어다녔던 둘째를 나무라며 짜증을 냈다. 남편에 대한 서운한 마음을 둘째에게 내비친 것 같아 그날은 내내 아이에게 미안했다.

아이들을 키우면서 이런 일들은 비일비재했다. 남편은 평소에 칭찬받을 만큼 육아도 집안일도 잘 도와주었으나 그렇다고 내 할 일은 줄어드는 것은 아니었다. 직장 일에 아이 셋의 뒤치다꺼리를 하다 보면 아이들을 무섭게 대한 적도 많았다. 그 후에 아이들을 바라보면 죄책감이 묻어났고 나도 문제 엄마라는 자괴감에 빠졌다. 대학원에서 상담심리학을 전공했지만 육아에 지쳐 공부한 게 별 도움이 되지 못했다.

무자식 상팔자라는 말이 있다. 사실 자식이 없는 사람을 위로하기 위한 우리 조상들의 배려가 만들어낸 말이라고 한다. 자녀의 일이기에 힘든 시간도 견뎌낼 수 있고 보람도 느끼는 게 부모다. 부모만이 자녀의 일에 진심으로 기뻐하고 슬퍼할 수 있다. 이 세상의 모든 사람들이 다 부모가 되지는 않는다. 자녀가 성장하고 변화하는 모습을 지켜볼 수 있는 부모는 선택받은 사람이라고 자부하자. 선택받은 부모만이 누릴 수 있는 호사라 생각하고 기쁘게 받아들이자. '유자식 상팔자'라고 스스로 위안으로 삼고 어차피 지나가야 할 자녀의 사춘기를 준비하자.

작년에 큰아이의 중학교 친구가 자퇴했다. 당시에는 너무 이른 자퇴 소식에 당황했다. 다른 이유가 있을 거라는 생각이 들어 통화를 시도했다. 들어보니 고졸 검정고시를 볼 거라고 했다. 어차피 이민을 가서 다시 고등학교 다닐 필요가 없다는 생각이 들었다고 했다. 대학에 가서 전공할 것도 정했고 지금은 그것에 대한 준비 중이라고 했다. 걱정할 것이 전혀 없는 아이였다. 자퇴가 나쁜 것은 아닌데 이기적인 생각부터 앞섰다. 지레짐작으로 평가하고 내 아이에게 나쁜 영향이라도 미칠까 두려워했다. 아이는 절친을 학교에서 볼 수 없다는 생각이 들어서인지 하루 종일 의기소침해 있었다. 마음을 다독여주고 싶어서 강남 맛집에서 같이 음식을 먹자고 해봤다.

"엄마는 우리 사이에 끼어들지 좀 마."

"난 네가 속상할 것 같아서 기운 내라고 밥 한 끼 사주려고 했을 뿐이야."

사실 아이에게 조금 서운했다. 조금이라도 나서면 사춘기 아이는 바로 고슴도치처럼 가시를 세운다. 어렸을 적엔 육아로 지치고 좀 크면 사춘기로 맥을 못 춘다. 그렇게 서운해하면서도 늘 해바라기처럼 아이를 향해 서 있는 게 나의 모습이다.

최근에 받은 개인 심리상담을 통해 큰 아이를 동일시하는 내 모습을 볼 수 있었다. 한 발자국씩 아이에게서 멀어지는 연습을 할 필요가 있었다. 자녀의 사춘기를 현명하게 보내려면 부모 자신의 모습을 객관적으로 볼 수 있어야 한다. 자녀와의 관계가 좋지 않아서 힘들었던 부모라면 꼭 도움을 받아보길 권한다.

사춘기 자녀를 둔 집은 시한폭탄이 언제 터질지 모른다. 스마트폰을 손에서 내려놓지 않기에 견디다 못해 저녁을 먹다 잔소리를 좀 심하게 했다.

"밥 먹을 때는 스마트폰 내려놔라."

"……."

"내려놓으라고 했다."

"나 밥 안 먹어."

방으로 들어가려는 아이를 보더니 남편이 폭발했다. 결국 스마트폰을 빼앗아 벽에 던져 깨트려 버렸다. 그 시기에는 가장 중요한 게 친구들이고 친구들과의 매개체인 스마트폰을 보란 듯이 아이 앞에서 부숴버린 것이다. 광분하며 소리를 질러대는 아이는 브레이크가 고장 난 자동차처럼 제어가 되지 않았다.

크고 작은 일들을 겪어보니 '소나기는 피해가라'라는 옛말처럼 사춘기 시절을 좀 쉽게 지나갈 필요가 있는 것 같다. 아이에게 잠시 면책권을 부여하고 좀 편하게 살 걸 그랬나 하는 후회가 든다.

초등학교 4학년 때부터 사춘기를 대비해야 한다. 준비한 만큼 아이의 인생이 달라진다. 많이 배운 부모든 그렇지 않은 부모든 사춘기를 대비한 만큼 아이와의 충돌이 줄어든다. 부딪힐 때마다 '저러다 말겠지'라고 생각하면 안 된다. 전문기관도 찾아가 보고 책을 통해 공부해야 한다. 사춘기를 잘못 보내서 원치 않은 인생을 살기를 바라는 부모는 없을 것이다. 그러니 후회 없이 부모 역할을 마무리하기 위해서는 사춘기 대비가 필수다.

아이와 사이가 너무 안 좋아서 힘들었을 때, 두 번 정도 심리상담센터 방문했었다. 곧 성인이 될 아이와 좀 더 잘 지내보려 했을 때 두 번 다 큰 도움을 받았기에 지인들에게도 적극적으로 권하고 있다. 전문 심리상담가로부터 받았던 조언을 이 책을 통해 꼭 알려주고 싶다.

"십여 년간 잘 키워놓고 가족과의 불화로 아이가 잘못될 수도 있습니다. 아무리 상황이 안 좋아도 아이가 죽는 것보다 낫다고 생각하세요. 그러면 못 넘어갈 일은 없을 겁니다."

- 자녀가 성장하고 변화하는 모습을 지켜볼 수 있는 건 선택받는 부모만이 누릴 수 있는 것이라 생각하고 아이의 사춘기를 받아들이고 준비하자.

- 아이에게서 한 발자국씩 멀어지는 연습을 하라. 부모 자신의 모습을 객관적으로 바라보며 자녀의 사춘기를 현명하게 보내야 한다.

- '소나기는 피해가라'라는 말처럼 사춘기엔 가끔 눈감아 줘라. 국회의원처럼 사춘기 아이에게도 면책권이라는 특권을 줄 필요가 있다.

지나친 조언은
잔소리가
된다

집에 오면 아이에게 하고 싶은 말이 많다. 새로 다니는 학원의 분위기가 어떤지, 시험문제가 어려웠는지, 틀린 문제가 있으면 왜 틀렸는지 등등 공부와 관련된 궁금한 점이 참 많다. 얼마나 궁금한 게 많은지 한꺼번에 물어보기 일쑤이다.

"이번 시험 어땠어?"

"몇 점 받았니?"

"틀린 문제는 왜 틀렸는지 알아봤니?"

어떤 날은 아이가 이렇게 말한 적도 있다.

"엄마, 한 번에 그렇게 많이 물어보지 말고 하나씩만 물어봐."

초등학교 5학년 때부터는 주로 시험에 관련된 질문과 잔소리가 많아졌다. 엄마와의 이런 대화를 아이들은 좋아할 리가 없다. 잠시만 공부 욕심을 내려놓고 즐거운 대화를 만들어야 한다. 아이가 좋아하는 TV 만화를 일부러 같이 보며 주인공에 대한 얘기를 같이 나눌 시간을 내야 한다. 하루 10분만이라도 아이와 깊이 '교감'하면서 집중하는 시간이 필요하다. 시간의 양이 중요한 것이 아니라 집중하고 경청하는 과정이 중요한 것이다. 필요한 것은 확인이나 지시가 아니라 지켜보고 함께 느끼는 사이에 비로소 자녀교육이 건강하고 긍정적으로 흘러가게 된다.

큰아이가 초등학교 5학년 겨울방학 때 쓴 일기장에는 엄마의 간섭 때문에 짜증이 났던 이야기가 쓰여 있다. 2박 3일의 스키캠프에서 집으로 돌아오면 엄마의 간섭을 받을 생각을 하니 한숨이 나왔다는 내용이다. 이후로는 아이에게 말하는 게 너무 조심스러웠던 기억이 난다. 나는 아이를 위해 하는 말이라고 생각했는데 아이는 잔소리라고 생각하는 줄 몰랐다. 얼마나 잔소리가 듣기 싫었으면 집에 가는 걸 생각만 해도 한숨이 나왔을까 싶어 많이 반성했었다.

직장에 다니는 엄마들은 아이에게 평소 잘 챙겨주지 못하는 것에 미안함을 가지고 있다. 자녀를 가까이서 돌보지 못하기 때문에 아이의 성적이나 생활 태도가 좋지 않을 것이라는 막연한 믿음을 가지고 있을 것이다. 그래서 늘 전화로 아이에게 지시하고 확인해야만 마음이 놓인다. 온종일 힘들게 일하다 집에 돌아오면 해야 할 집안일들이 쌓여 있고 아이의 숙제도 확인해야만 한다. 밖에서는 전화로, 집에서는 일하며 아이에게 "숙제 아직 못했으면 지금 해야 한다", "시험 기간인데 시험공부는 얼마나 한 거니?"라고 한다.

학교와 학원에서 힘들게 일과를 마치고 집에서 엄마와 함께 놀기를 바랐을 아이에게 엄마는 눈길도 주지 못하고 일을 하며 해야 할 일들에 대해 잔소리를 늘어놓는다.

하루가 너무나 바쁘겠지만 "공부하느라 힘들었지?", "오늘은 학교에서 즐겁게 지냈니?" 이렇게 아이의 입장에서 대화의 물꼬를 터야 한다. 집에서조차 학교에서처럼 지켜야 할 일들에 대해 지시만 받는다면 아이들은 자기 방으로 들어가 나오고 싶지 않게 된다.

둘째 딸이 중학교 2학년 때의 일이다. 성적표를 집에 가져왔을 때 사인을 하고 부모의 멘트를 적기 위해 잠시 고민했다.

"엄마, 그렇게 오래 생각할 거 없어. 그냥 '수고했다' 한마디만 쓰면 될 것을…."

"그럴 걸 그랬네."

아이의 핀잔에 싱겁게 웃으며 말했다. '국어와 영어는 대체로 실수 없이 문제를 잘 풀어서 칭찬해 주고 싶습니다. 다만, 수학은 실수로 틀린 문제가 몇 개 있는 거로 보아 문제를 많이 풀어보는 연습이 필요할 것 같습니다'라고 적었는데 아이의 반응이 별로였다. 평소에 눈치도 빠른 데다 자기 할 일은 스스로 잘 해내는 아이에 대해 너무 진지하게 생각할 필요가 없었다. 자신에 대해 잘 알고 있는 아이에게 역효과만 냈다.

자녀에게 모범을 보이는 사람은 잔소리가 많지 않다. 잔소리가 많은 사람은 불안감 때문에 잔소리를 하고 그렇게 해야 안도감을 느낀다. 잔소리는 자녀를 위한 것이 아니고 자녀의 입장에서 생각하는 게 아니다. 오히려 반감만 생기게 하고 폭력의 원인이 되게 한다. 지나친 지시와 간섭은 부모에게 뜻대로 됐다는 만족감을 주지만, 아이에게 의존하고 쉽게 포기하는 법을 가르치는 것이다. 부모의 잔소리를 듣고 자란 아이는 자존감이 떨어지고 자신감이 없다. 잔소리는 더 많은 잔소리로 이어지고 아이는 더욱 의욕을 잃어버리고 무기력해진다. 악순환의 고리를 끊기 위해서 아이의 단점은 잠시 잊어버리고 장점만 생각해야 한다.

부모의 잔소리는 불만을 키우거나 부모에 대한 증오를 키우게 된다. 더 심하면 극단적인 선택을 하는 경우도 있다. 일방적인 잔소리를 많이 듣고 자란 아이들은 본인의 감정조절 능력이 떨어져 쉽게 흥분하고 쉽게 화를 낸다. 어려운 시기인 사춘기에 격려 없는 잔소리를 듣고 자라게 하지 말아야 한다. 아이의 옷을 벗기는 것은 바람이 아니고 햇볕임을 명심해야 한다. 칭찬과 격려의 말로 아이의 건강한 성장을 이끌어내는 현명한 부모가 되라.

사춘기로 들어선 아이들은 말이 현저하게 줄어든다. 그러니 부모들은 아이에 대해 더욱 궁금할 수밖에 없고 조급증이 있는 부모는 대화를 시도하려고 서두르게 된다. 조금이라도 길게 대화를 나누고 싶다면 주제를 먼저 생각해보고 머릿속으로 첫마디를 무엇으로 시작할까 고민해볼 필요가 있다. 아이들은 한마디의 말로도 잔소리인지 아닌지 금방 알아챈다. 부담 없는 일상적인 대화를 통해 공부에 대한 대화로 쉽게 넘어갈 수 있는 대화의 고수가 되어야 한다.

부모의 말을 잔소리로 인식하는 순간 부모가 하는 말은 들리지 않는다. 머릿속으로 딴생각을 하며 그 순간을 모면하려고 한다. 같은 말을 두 번 이상 하는 건 아닌지, 목소리의 톤이 권위적이지 않은지, "~해.", "~해야 한다." 라는 말투로 대화하는 건 아닌지 점검해 봐야 한다. 표정이나 목소리도 아이에게 거부감을 줄 수 있어 잔소리로 인식되는 때도 있다. 대화하는 동안 아이의 표정이나 행동에 부모의 말을 어떻게 받아들이고 있는지 나타나게 된다. 현명한 부모라면 잔소리로 대화를 끝내고 싶지는 않을 테니 중간점검을 통해 아이와의 대화를 잘 마무리해야 한다. 중요한 건 자녀를 잘되게 하고 싶은 부모의 마음을 자녀가 잘 받아들이게 하는 것이다. 남에게 지나치지 않게 조언하는 것은 어렵지 않은 일이나 내 아이에게는 쉽지 않다. 그래도 그런 고수 부모가 어딘가에는 있을 거라 믿으며 오늘도 노력하고 성장하는 부모가 되고자 한다.

정리하기

- 잠시라도 공부 욕심을 내려놓고 즐거운 대화를 하라. 하루 10분만 아이와 깊은 교감을 하며 집중하면 자녀의 교육은 긍정적인 방향으로 흘러가게 된다.
- 부모의 말이 잔소리로 들리는 순간 아이는 부정적인 감정에 휩싸인다.
- 아이의 입장에서 대화의 물꼬를 터라. 집에서조차 학교에서처럼 지시만 받는다면 아이는 방에서 나오지 않게 된다.
- 부모는 불안감 때문에 잔소리를 하는 것이고 그럼으로써 안도감을 느낀다. 아이에게 모범을 보이는 부모는 잔소리가 많지 않다.

08

아이의
선택을
존중하라

2001년에 개봉한 영화 〈빌리 엘리어트〉는 어려운 환경에서도 발레리노의 꿈을 이루어가는 주인공의 성장기를 바탕으로 한 실화다. 오래된 영화지만 보게 된 건 몇 해 전이었다. 발레를 하고 싶어 하는 빌리에게 아버지는 여자들이나 하는 것이라며 반대했다. 그러나 빌리가 처음으로 발레를 하는 모습을 보았을 때, 진심으로 좋아하는 것을 알게 되고 허락했다.

영화의 마지막 부분에서 가족들은 빌리의 발레오디션 통지서를 받게 되었다. 탁자 위에 통지서를 올려놓고 아버지와 형 그리고 할머니가 둘러앉아 있다. 빌리가 올 때까지 봉투를 열지 않던 모습이 참 인상적이었다. 먼저 열어 볼 수도 있었을 텐데 빌리가 집에 올 때까지 기다렸다. 가족들은 빌리가 통지서를 들고 방으로 들어가서 한참을 나오지 않자 불합격인 줄만 알고 있었다. 아버지가 빌리를 위로하려는 순간 합격했다는 소리를 듣고는 가족들이 환호성을 질렀다.

이 영화를 본 후, 아이들을 키우며 존중과는 거리가 멀었던 내 행동을 반성하게 되었다. 12살 소년에 대한 가족들의 존중이 무척 감동적으로 느껴졌다. 나였으면 궁금증을 이기지 못해 아이가 오기도 전에 벌써 봉투를 열어봤을 터였다.

사춘기 아이들의 가장 큰 욕구는 '존중'이다. 자녀가 사춘기에 들어설 때 부모는 아이를 어른으로 인정해야 한다. 부모들은 아직은 때가 아니라고 생각할 수도 있으나 겉으로라도 어른으로 인정해 주길 바란다. 자기만의 공간이 필요해지는 시기이므로 심리적, 물리적 공간 모두를 제공해야만 한다. 아이의 공간에 함부로 침범하지 않아야 관계를 유지할 수 있다.

사춘기에 들어서는 순간부터 존중받고 싶다는 의미로 방문을 꼭 닫고 노크를 하라고 알린다. 이전과 다른 행동을 보이고 대화를 거부하면 '때가 되었구나' 생각하고 마음의 준비를 해야 한다. 생각, 느낌, 개성 등 자신만의 모습을 찾는 시기에 부모는 간섭이나 관심을 줄이고 자녀의 선택을 존중하고 프라이버시를 지켜줘야 한다.

큰딸이 초등학교 6학년이 되면서 특히 자신의 방에 대한 애착이 커졌다. 침대와 책상 등 가구는 모두 흰색으로 통일하길 바랐고 침구의 색깔도 흰색으로 바꿔주길 원했다. 중학교 들어갈 즈음 원하는 대로 해줄 수 있었다. 좋아하는 모습을 보니 흐뭇했지만 방에 들어가면 좀처럼 나오질 않아서 내가 자주 방으로 들어가게 되었다. 잠깐이라도 얘기를 나눈 뒤 나오면 문을 꼭 닫아달라는 주문을 했다. 어렵지 않은 일이지만 한집에 살며 왜 그렇게까지 방문을 닫아야 하는지 너무나 귀찮게 느껴졌다. 노크하지 않거나 나올 때 문을 닫지 않고 나오는 횟수가 늘어나게 되었다. 그러자 아이는 문을 잠그기 시작했다. 사춘기의 이해가 부족했고 아이의 부탁을 안이하게 생각했던 것이다. 어른 대접을 받고 싶어 하는데 부모가 그렇지 않은 대접을 하고 있다고 생각하니 화가 났던 것 같다.

"○○야, 저녁밥 다 됐다. 나와라."

"……."

"뭐하니? 저녁 먹자니까."

"……."

두 번을 불러도 대답이 없어서 방문을 열려고 하니 문이 잠겨 있었고 쾅쾅 문을 두드리면 그제서야 "왜?" 하며 문을 열었다.

"밥 먹으라는 소리를 몇 번이나 해야 하니, 이제부터 방문은 열어 놓고 있어."

"문 열어놓고 있으라고? 그럼 방문은 왜 있는 거야? 싫어, 앞으로도 닫고 있을 거야."

자기만의 공간을 너무나 갖고 싶어 할 때인데 수시로 노크도 없이 들어가서 방해만 해대는 엄마를 싫어하는 게 당연했다. 그러나 직장에서 힘들게 일하다 오면 저녁밥 차리기도 힘들었는데 사춘기의 아이를 이해하고 받아들이기가 어려웠다. 주말엔 서울과 지방을 오가야 했던 주말부부의 생활에 지쳐서 나는 아이의 사춘기를 받아낼 여유가 없었고 존중받지 못한다고 생각한 아이는 그때부터 대화를 거부했다.

'버럭 엄마', 아이들은 나를 이렇게 불렀다. 안 된다고 한 일에 재차 물어서 허락을 받아내려고 하는 아이와 말씨름이 귀찮아서 버럭 소리를 질러대니 붙여진 별명이다. 아이에 대한 기대가 컸던 나는 큰아이의 일거수일투족을 지켜보고 참견을 했다. 공부만 잘하는 모범생이 되길 바랐고 그 기대에 어느 정도 잘 따라 주었다. 그러나 사귀자고 제안하는 남학생들이 생기면서 아이도 이성에 관심이 생기기 시작했다.

남자친구가 생기고 나서 놀러 가기라도 하면 어딜 가는지 물어보고 여럿이 가는 게 아니고 둘만 가는 것 같다 싶으면 뒤를 쫓았다. 그러다 들켜서 아이에게 '스토커'라는 말까지 듣는 수모를 겪었다. 내가 생각해도 너무한 것 같았다. 혹시 모를 불상사가 안 생기도록 지켜주고 싶었다는 말로 변명을 해보았지만 자기를 못 믿느냐는 비난만 받았다. 존중은 믿음에서 시작되는 것을 그때는 몰랐다. 아이가 선택한 남자친구를 존중해 주질 못했고 믿음이 부족했다. 그렇게 뒤를 쫓을 시간에 아이에게 확실한 성교육을 시키는 게 백번 나았다. 아이들이 무엇을 하며 놀고 있는지 불안해할 시간에 부모교육을 받으러 다니는 게 정신건강에 좋다.

아이가 중학교 1학년 여름방학 때였다.

"엄마, 나 제과제빵 학원 다닐래, 파티쉐가 될 거야. 고등학교는 ○○외식과학고에 갈 거고."

"애가 갑자기 무슨 소리야, 네가 만화를 너무 많이 봤구나. 집에서 과자 좀 만들어 보더니 파티쉐 되는 게 쉬운 일로 착각하나 보네."

“학원도 알아봤어. 자격증반으로….”

“주말에 하는 취미반이라면 모를까, 그건 안 돼.”

일단락된 줄 알고 마음 놓고 있는 데 몇 주가 지난 뒤였다.

“엄마, 나 호주의 르꼬르동 블루 학교로 유학 가서 요리공부 할 거야.”

아이가 울면서 말을 하는데 갑자기 말문이 막혔다. 이렇게 심각하게 생각하고 있는 줄은 몰랐다. 처음으로 자신이 선택한 꿈에 대해 말했을 때 존중해 주지 못했던 게 후회되었다. 그 일 이후로 아이가 유학을 가고 싶어 하는 학교에 대해 알아보고 제과제빵 학원의 자격증반을 등록시켜 주며 수습하느라 애를 썼다. 몇 년이 지나자 또 다른 꿈이 생겨서 그 꿈과 관련된 교내 활동을 꾸준히 하는 모습에 진로교사도 긍정적인 피드백을 주고 있어 아이에 대한 믿음이 더욱 커졌다.

자녀와의 문제가 생겼을 때 부모들은 당황하게 된다. 보통의 가정이나 다름없고 그다지 나쁜 부모는 아닌 것 같은데 갑자기 왜 이런 일이 생기는 건지 혼란스러워진다. 아이의 속마음을 알 수가 없어 답답해진다.

생각해보면 몇 년 전에 아이에게 했던 말, 표정, 행동들이 원인이 되었을 거라며 답을 찾게 된다. 그때 아이가 내게 했던 말, 표정, 행동에서 바라는 게 뭔지 해결책도 있었음을 뒤늦게야 깨닫게 된다.

왜 많은 상담전문가들이 아이의 선택을 존중하라고 하는 건지 큰아이의 사춘기를 힘들게 겪고 나서야 알았다. 사춘기에 들어서면서 ‘나를 존중해 주세요’라는 메시지들을 보내고 있는데 바쁘다는 핑계로 외면하기만 했다. 존중받고 크는 아이가 성인이 되어서도 행복하다고 한다. 행복한 아이의 미래를 만들어 주는 게 부모의 역할인데 너무 다른 것에 우선순위를 두지 않았나 후회가 된다.

자녀의 선택을 존중해 주는 일이 아이의 행복한 미래를 만든다. 살아 보니 행복한 삶은 존중받는 삶이다. 아이의 사춘기를 겪고 있는 부모들은 꼭 기억하길 바란다. 존중받는 아이로 키워내는 게 부모의 가장 큰 역할이다.

정리하기

- 사춘기 아이들의 가장 큰 욕구는 '존중'이다. 이 시기에 부모는 아이를 어른으로 인정해야 한다.
- 사춘기는 가장 존중받아야 할 때다. 어른 대접을 받고 싶어 하는데 부모가 그렇지 않은 대접을 해준다면 대화 자체를 거부한다.
- 존중해 달라는 메시지를 잘 읽어라. 바쁘고 힘들다는 핑계로 외면하면 안 된다. 존중받고 자란 아이가 성인이 되어서도 행복하기 때문이다.

09

사춘기,
어른으로 성장하는
과정이다

　한 아이가 고등학교 2학년 때까지 전교 1, 2등을 하다 가출을 했다. 좋은 집안에 남부러울 것 없는 환경이었지만 집을 나가 감감무소식이었다. 나중에 어찌어찌해서 부모가 찾아갔을 때 옷 장사를 하며 자신의 삶을 혼자 개척해 나가겠다고 했다. 지나치게 간섭하는 엄마에게서 잠시라도 벗어나고 싶어 가출했지만 다행히 길지 않은 방황 끝에 집으로 돌아왔다. 기대하던 곳보다는 못하지만 4년제 대학교에도 입학했다.

　사춘기 때는 가출 충동을 느끼기도 한다. 실제 가출을 시도하고 성공하기도 한다. 다행히 행복했던 추억이 있는 아이들은 가정으로 복귀한다. 아름다운 추억들을 많이 만들어 주어야 할 이유이다. 그 추억들 덕분에 행복하다는 걸 깨닫고 다시 집으로 돌아오면 어른이 되는 것이다. 사춘기는 어른으로 성장하는 과정이므로 고통과 방황이 따를 수밖에 없다.

큰아이는 어렸을 때부터 생각이 깊고 말수가 많지 않아서 키울 때 힘들게 하지는 않았다. 그러나 초등학교 5학년 말부터 부모에게 말대꾸하기 시작했고 물어도 대답하지 않을 때가 많았다. 중학교 1학년 때 사춘기에 들어서면서 가시 돋친 말투에 시선을 회피하더니 어떤 날은 째려보는 눈초리에 눈을 마주치기가 겁이 났다. 눈에 검은 동자보다 흰자위가 더 많이 보이는 날은 돌아서서 외면하기도 했다. 아이에게 따뜻한 말과 눈길을 주어야 할 때였는데 회피하기만 하고 어떤 날은 함께 예민해져서 서로에게 상처가 되는 말로 아프게 할 때도 있었다. 아이에게 가장 힘든 시기를 더 힘들게 보내게 한 것 같다. 직장인 엄마가 주말부부로 사는 게 힘들었을 때, 그때 사랑하는 아이의 사춘기가 왔다는 것이 참 안타까웠다.

생각해 보니 나에게는 사춘기가 없었다. 정확히는 사춘기를 받아 줄 사람이 없었다. 부모님은 함께 장사를 했기에 언제나 무척 바빴다. 학교에서 있었던 일이나 친구와 다투었던 얘기들을 할 시간이 없었다. 항상 엄마의 뒷모습을 바라보며 자랐다. 일하는 뒤에 서서 얘기를 나누었을 뿐 서로 얼굴을 쳐다보며 얘기한 기억이 별로 없었다. 사춘기를 내 속에 꼭꼭 숨겨야만 했던 때를 떠올려 보니 엄마의 뒷모습만 기억이 난다.

"엄마, 나 오늘 짝꿍과 다퉜어. 그래서 오늘 학교에서 같이 놀 아이가 없어서 심심했어. 내일은 같이 놀고 싶은데 내가 먼저 말을 걸까?"

그때 엄마와 나누고 싶었던 내용이다. 항상 일로 바쁜 엄마에게 먼저 이야기해 볼 엄두가 나지 않았다. 조용히 사춘기를 보냈던 나는 큰아이의 사춘기를 이해하지 못했다. 엄마도 나도 너무나 바쁘게 살았다는 공통점이 있었다. 그러나 딸들의 사춘기는 조용히 혼자 이겨내거나 엄마와의 전쟁으로 힘들어하는 양상으로 나타났다. 너무 힘들 때는 멀리 유학이라도 보내고 싶어서 남편에게 진지하게 상의한 적도 있었다. 서로에게 상처를 주지 말고 떨어져 지내는 게 낫다고 생각했다.

아이는 집에선 말수도 적고 혼자 방에서만 있으려 했다. 집안일을 도와주길 바라는 나는 그럴 생각조차 없는 아이에게 끈질기게 요청을 하고 지시를 하며 대립하는 일이 부쩍 많아졌다. 남편은 그냥 두고 보는 편이라 아이와 부딪힐 일이 딱히 없었지만 나와 아이의 관계는 계속 나빠졌다.

사춘기 아이와 전쟁을 치르며 서로를 이해하지 못했고 더욱 혼란을 겪었다. 왜 사춘기의 혼란은 예전보다 더 심각한 걸까? 요즘 청소년들은 신체적인 성장이 급격히 이루어지는 반면 마음의 성장은 그에 미치지 못하기 때문이다. 사춘기의 아이들에게 도덕성이나 책임의식은 찾을 수가 없고 어른 대접만을 원한다. 사춘기에 대한 배려심이 없거나 아이에 대한 기대치가 높은 부모와 대립하게 되면서 갈등이 커지게 되면 그때부터 사춘기 전쟁이 시작되는 것이다.

사춘기는 밖에서 문제가 되는 경우보다 집안에서 문제가 되는 경우가 많다. 큰아이도 집 밖에서는 너무나 잘 지내고 잘 적응해서 문제 될 게 없었다. 그런데 왜 집에서만 갈등이 생기는 걸까.

그 답은 소통에서 찾을 수 있었다. 이창욱은 『사춘기 쇼크』에서 "사춘기 아이와 부모의 갈등은 표면적으로는 대화의 미숙함 때문이고 내면적으로는 외로움 때문"이라고 말한다.

아이들의 이해를 바라기보다 부모가 먼저 아이들을 이해해야 한다. 일방적으로 강요하는 대화는 폭력이다. 따뜻한 말과 시선으로 포근함을 느끼게 해야 한다. 지시하거나 명령하는 대화는 거리감만 주고 대화를 단절시킨다. 어른으로 인정하고 접근해야 통할 수 있다. 내 자녀지만 잘못한 일이 있다면 먼저 솔직하게 인정하고 사과할 줄 알아야 한다. 권위의식은 버려야 하고 눈높이를 맞추고 무릎을 굽히며 부모도 실수할 수 있음을 알려야 한다. 진심으로 대해야 아이들도 그것을 느끼고 받아들일 준비를 한다.

나이가 들수록 좋은 점은 아무리 부모에 대한 원망이 있던 사람이라도 부모는 신이 아니라서, 아니 약한 사람이라서 실수할 수도 있다며 이해하게 된다는 것이다. 자녀를 낳아 키워본 사람이라면 부모에게 아무리 큰 상처를 받았다 하더라도 모두 다 용서하게 된다. 부모가 되어 자녀를 키우면서 자신도 부모와 똑같은 실수를 하게 된다. 그래서 부모도 겉만 나이 든 아이라는 것을 깨우치게 된다. 문제가 있어도 더는 부모 탓만 할 수 없고 이제는 자신의 문제라는 것을 알게 된다. 사춘기 자녀를 키우며 도움이 될 만한 책을 많이 읽었다. 자녀가 부모가 되어 보면 부모 마음을 이해해 줄 거라고 말해주는 책들은 내게 큰 위안이 되었다.

수많은 갈등의 뿌리는 가정에 있다. 사춘기 아이들은 행복한 가정에서 충분히 사랑받아야 한다. 부모의 지나친 권위와 간섭에서 벗어나야 아이들은 편안한 마음으로 안정을 취할 수 있다. 모든 부모가 부모 수업을 받아야 하는 이유다. 갈등의 뿌리를 자라게 하는 것도 자르는 것도 모두 부모가 할 수 있다. 사춘기는 어른으로 성장하는 과정이니 잘 이겨내야만 한다. 사춘기를 요란하게 지나가는 아이도 있고 조용히 지나가는 아이도 있다. 어떤 쪽이 더 좋다고 말할 수는 없으나 힘들게 지낸 아이가 어른이 되어 사회에서 성공한 경우를 많이 볼 수 있다. 그 과정을 이겨내야만 비로소 어른으로 성장하는 것이다. 사춘기 자녀가 건강한 어른이 될 수 있도록 부모들은 든든한 조력자가 되어주어야 한다.

정리하기

- 사춘기는 어른으로 성장하는 과정이므로 고통과 방황이 따른다. 하지만 행복한 추억이 사춘기의 방황을 이겨낼 수 있다.
- 요즘 아이들의 사춘기가 더 심각한 이유는 신체적인 성장이 급격하게 이루어지는 데 비해 마음의 성장이 그에 미치지 못하기 때문이다.
- 사춘기 아이들은 부모의 지나친 권위와 간섭에서 벗어나야 편안한 마음을 가지고 안정을 얻을 수 있다.
- 부모는 든든한 조력자가 되어 사춘기 자녀가 건강한 어른이 될 수 있게 도와야 한다.

part 2

·····

지금이
내 아이가 보내는 사인을
읽어야 할 때

01

아이를
있는 그대로
인정하라

사춘기 아이의 감정을 인정하고 이해하는 일은 정말로 어려운 일이다. 아이와 대화를 통해 이해하려고 시도를 하면 할수록 더욱 힘들 때다. 이때는 아이를 지켜보고 필요로 할 때만 도와주는 역할을 해야 한다. '지시하고 명령하는' 태도에서 벗어나야 한다. 아이와 사이가 좋지 않았다면 더욱 이 시기를 잘 보내야 한다. 아이를 있는 그대로 인정해야 한다. 그 시기에 어떻게 대하느냐에 따라 평생 좋은 관계를 유지할 수 있을지 아닐지가 결정된다.

큰아이는 중학교 2학년이 되면서 사춘기가 극에 달했다. 대화할 때 말투와 눈빛이 달랐고 말끝마다 말대꾸에 짜증을 부려서 집안 분위기는 항상 폭풍 전야였다. 그런 분위기로 2년을 살아야 했다. 지금 생각하면 사춘기를 참 쉽고 만만하게 생각하지 않았나 싶다. 무던하게도 혼자 이겨보려고 애썼던 것 같다. 그러나 힘들 땐 주변 사람들에게 도움을 받거나 사춘기 공부를 해야 했다. 도움받을 기관이나 부모 교육서를 찾아볼 생각을 못 했다. 요즘 학교 선생님도 사춘기가 무섭다고 한다.

중학교 교사인 지인이 겪은 일이다. 학교에서 휴대폰을 쓸 수 없다는 방침을 어기고 아침 조회시간에 선생님께 맡기지 않은 아이가 있었다고 한다. 수업시간에 휴대폰을 만지작거리는 모습을 발견하고 그 학생에게 말했다.

"압수다. 이따 교무실로 와서 찾아가라."

"싫어요. 제 휴대폰을 왜 선생님이 가져가요."

"가져가는 게 아니라 보관하는 거라고, 인마."

"아 몰라요, 씨이." 하더니 교실 밖으로 학생은 나가버렸다.

지인은 수업을 어떻게 끝냈는지도 모르게 화가 나고 당황스러웠다고 한다. 사춘기는 이렇게 어른들을 당황스럽게 한다. 나중에 알고 보니 여자 친구와 싸운 뒤에 사과의 문자를 보내놓고 답장을 기다리고 있었다고 한다. 아이가 뒤늦게 사과를 해서 "네 나이에는 그럴 수도 있다" 하며 잘 마무리했다고 한다.

학교의 규칙도 불사하는 사춘기 아이들의 질풍노도 시기를 피해 가는 게 어른들이 살길이다. 사춘기에는 별것도 아닌 일에 화를 내고 다른 사람을 지나치게 신경 쓰기도 한다. 혼란스러운 시기여서 우울해지기도 하고 좌절감에 빠지기도 한다.

갈등을 표현하는 방법으로 부정적인 반응을 한다는 것을 주목해야 한다. 아이가 표현하는 말과 행동에 무슨 속뜻이 있는지 알아야 한다. "내가 알아서 할 거야.”는 ‘날 믿어 주세요’이며 “아, 짜증 나, 귀찮아.”는 ‘잘하고 싶은데 잘 안돼요’라고 해석해야 한다. 대화로 인해 충분히 존중받고 있다는 느낌을 줄 수 있어야 한다. 한동안 큰아이는 “또 내 말 무시하네”라는 말로 내 관심을 끌려고 했다. 그 당시엔 왜 그런 말을 하는지 이해할 수 없었다. 지금은 ‘내 말에 관심을 기울여 주세요’라고 알아듣는다.

과거의 부모들이 자녀의 성공에 비중을 두었다면 현재의 부모는 자녀의 행복에 비중을 둔다. 최근 두드러진 자존감에 대한 관심은 이러한 행복에 대한 관심과 연결이 된다. ‘행복한 자녀가 행복한 성인이 된다.’ 어린 시절 애정 결핍으로 겉은 성인이지만 아이의 자아로 살아가는 이가 많다. 자존감이 높은 사람은 그렇지 않은 사람에 비해 원만한 사회생활을 한다. 자신이 하는 일에 만족감이 높고 정서적으로 안정되어 있다. 자존감이 높은 행복한 아이로 키우려면 어떻게 해야 하는지 알 것 같으면서도 쉽지 않다.

자녀를 있는 그대로 인정해 줘야 한다. 하지만 부모의 권위를 먼저 생각하는 부모들에게는 쉽지 않다. 또한 부모의 권위를 내려놓지 못하고 아이와 쓸데없는 힘겨루기를 하곤 한다. 항상 피곤하고 바쁜 직장인 엄마였기에 아이들을 다정하게 대할 시간도 마음의 여유도 없었다. 소통보다는 간단하게 지시를 내리는 게 편했고 그게 통하지 않을 때는 호통을 쳤다. 부모의 권위를 내려놓기라도 하면 아이에게 휘둘릴 것 같았다. 그러나 부질없는 것을 가지고 나를 힘들게 하지는 않았는지 후회가 된다. 아이는 학교에서나 학원에서 선생님들을 무척 따르는데 그중 권위를 내세우는 선생님들은 한 분도 없다. 오히려 시시콜콜한 이야기도 다 할 정도로 편하게 생각하고 있는 것 같다.

아이와 사춘기를 힘들게 지내고 싶지 않은 부모들이 꼭 기억해야 할 것이 있다. 사춘기는 빠르면 2년 안에도 지나가고 길게는 5년까지 갈 수도 있다. 아이가 무슨 말을 해도 어떤 행동을 해도 다 믿어야 한다. 믿는 만큼 사춘기를 빨리 끝낼 수도 있다는 것을 기억해야 한다. 질풍노도의 사춘기 아이는 자신의 마음을 몰라주는 부모에게 마음의 문을 닫아버린다. 부모가 먼저 다가가고 집착하지 않는 행동방식으로 아이를 대해야 한다.

둘째 아이의 사춘기 때 무서운 중2가 아닌 무서운 중1이라는 말을 실감했다. 갑자기 말투가 공격적으로 변하는 것으로 사춘기가 시작되었다. 다행히도 아이가 담임 선생님과 마음이 잘 맞아서 나는 담임 선생님에게 많이 의지했다. 선생님은 아이를 있는 그대로 보고 장점을 찾아내는 능력이 있었다.

"엄마, 오늘은 학교에서 재밌는 일이 있었어."

"학교 체육 대회에서 입을 티셔츠를 반 아이 중 반이나 안 사겠다고 했는데, 담임 선생님이 나에게 친구들이 모두 살 수 있게 도와달라고 하셨어."

친구들에게 이런저런 말로 옷을 사야 체육대회를 하는 데 도움이 될 거라며 설득했는데 반 전체 아이들이 티셔츠를 샀다고 한다. 그 경험이 너무 재밌었다는 아이를 보며 사춘기를 쉽게 넘길 것이라는 예감이 들었다. 사실 중3이 되며 사춘기는 끝나갔다. 종일 아이와 함께 독서실에서 공부하면서 보낸 적이 있다. 중간중간 내게 와서 음료수며 밥을 사 달라 하기도 하고 목 뒤를 긁다가 피가 난 것 같으니 봐달라는 모습을 보니 사춘기는 이제 걱정

안 해도 된다 싶어 안심했다.

아이를 있는 그대로 인정하는 것이 중요하다. 평소와 달라진 아이의 말투나 행동은 오래가지 않는다. 그만한 이유가 있을 거라 믿고 하나하나의 언행에 무리하게 훈계하려 들지 말고 지켜보기만 하면 된다. 처음에는 인정하고 내려놓기가 쉽지 않겠지만 소중한 아이가 제자리로 돌아오는 데 꼭 필요하다면 그리 어렵지도 않은 일이다.

정리하기

- 아이를 있는 그대로 인정해야 한다. 어떻게 대하느냐에 따라 평생 좋은 관계를 유지할 수도 아닐 수도 있다.
- 부모의 권위는 내려놓고 아이와의 쓸데없는 힘겨루기를 멈춰라.
- 아이가 무슨 말을 해도 어떤 행동을 해도 믿어야 한다. 믿는 만큼 사춘기는 빨리 끝날 것이다.
- 아이를 있는 그대로 인정하는 게 중요하다. 평소와 다른 말투나 행동은 그리 오래가지 않는다. 그럴만한 이유가 있을 거라 믿고 지켜보기만 하면 된다.

02

내 아이가
무엇을 필요로 하는지
제대로 알자

큰아이는 어릴 때부터 친구들에게 엉뚱하다는 소리를 자주 들었다. 학년이 바뀌고 친구들의 이름을 알아야 할 때도 짝꿍 이름을 물어보면 "글쎄…. 뭐더라? 내일 알아올게"라고 대답할 뿐이다. 배려심도 있고 재미도 있어서 친구들에게 인기가 있지만 가끔 주변을 너무 인식하려 하지 않아서 조바심이 날 때도 있었다.

아이는 중학교 1학년 초부터 친하게 지내던 5명의 친구들이 있었다. 친구들 중 1명이 모임을 주도하고 단체 카톡으로 대화하기를 좋아했다. 서울로 이사를 와서 아이가 학교에서 잘 적응하기 바라는 마음에 친구들을 데려다 떡볶이에 튀김도 해먹이곤 해서 얼굴도 알게 되었다. 그해 여름방학 직전에 생긴 일이다. 모임을 주도하던 그 친구가 아이에 대한 비난을 단체 카톡에 올렸고 다른 친구들이 그 내용에 댓글을 달았다.

알고 보니 친구의 부모님 사진이 좀 재밌게 나와서 웃었던 일을 그 친구는 부모님의 얼굴에 대해 무시하고 웃었다고 오해한 것이었다. 그 상황을 설명하고 오해를 풀려 했지만 오히려 다른 친구들 모두에게 아이의 흉을 보는 것으로 상황을 어렵게 했다고 한다. 아이는 혼자 섭섭해 하며 잊어버렸는데 그 후 서로에게 불신의 골이 깊어졌고 5명이 모두 따돌리며 일이 번지게 되었다. 아이는 친구들에게 따돌림을 받고 있다고 말하지 않았다. 대신 표정이 어두워지고 집 밖 출입을 잘 하지 않더니 급기야 개학이 되어도 학교 갈 준비를 하지 않았다. 그제야 이상한 느낌이 들었고 왜 그러는지 물었더니 그동안의 일을 일부만 얘기해줬다.

"아, 친구들의 행동은 분명 좋지 않은 거니까. 선생님께 말씀드리고 해결책을 찾아봐야 할 것 같다."

"아니, 그건 싫어. 그래서 달라지는 게 있어? 내가 알아서 할 거야."

두 번이나 싫다고 완강히 얘기해서 나는 아이의 말을 따르기로 했다. 일단 이런 일이 생기면 부모는 아이를 지키려고 머리를 짜내게 된다. 친구들과 모두 통화를 해본 뒤 따돌림의 원인과 주도했던 아이가 누구인지 알 수 있었다.

친하게 지냈던 아이들이니 따돌림을 주도했던 한 아이를 설득하면 나머지도 잘 따라올 거라 믿었다. 다른 아이들은 웃었던 게 일부러 그랬던 게 아니라는 걸 알고 있었다. 따돌림을 주도한 아이와 딸이 만날 수 있도록 집으로 초대했으나 "생각해 볼게요. 근데 좀 바쁠 거 같아요"라는 대답을 듣고

'쉽지 않겠구나'라고 생각했다. 결국 초대에 응하지 않았다.

신의진의 『현명한 부모가 꼭 알아야 할 대화법』에서 다음과 같은 사례가 나온다. 남의 물건을 훔치고 거짓말을 일삼는 아이가 엄마와 함께 상담을 받으러 온 지 1년이 다 되었을 때 아이의 상태가 꽤 좋아졌다고 한다. 그러던 어느 날, 아이가 말을 안 들어서 "그러지 마라. 네가 그러면 엄마가 너무 슬프잖니"라고 말을 했는데, 정색하며 이렇게 대꾸했다고 한다.

"엄마가 슬프면 나는 좋아."

엄마는 아이의 말에 기가 막히고 화가 났다고 한다. 그러나 절대로 그 말을 외면하거나 화낼 게 아니라고 한다. 아이가 '나 좀 도와줘'라며 엄마에게 다가간 것이라 한다. 말 그대로 받아들일 게 아니라 이면을 생각할 줄 알아야 한다.

큰아이가 '나 학교에서 힘들어'라는 말을 다음과 같이 간접적으로 표현했을 때 다행히도 나는 눈치를 챘다.

"○○아, 개학 날인데 왜 이 시간까지 안 일어나니?"

"나, 학교 가기 싫어."

"그래? 그래도 오늘은 일단 학교에 다녀와라. 그리고 저녁에 다시 얘기하자."

"…응."

아이가 다 얘기하지 않아도 미루어 짐작되는 게 있어서 담임 선생님께 알려야겠다는 생각을 했다. 그러나 아이는 학교에 알려서 일이 커지게 되는 것을 싫어했다. 자기 일이니 알아서 한다며 어른들이 나서는 것을 바라지 않았다. 아이는 힘겹게 2학기를 버텨냈다. 그러다 내가 직장을 옮기게 되어 이사 갈 기회가 왔을 때 전학을 쉽게 결정했다. 그 후 아이는 전학 간 학교에서 잘 지냈다.

지금도 그때 담임 선생님께 알리지 않은 것이 잘한 일인지는 잘 모르겠다. 학교에 알리지도 않고 조용히 전학을 한 것이 잘한 일인지 확신이 서지 않지만 지금도 그 일을 겪고 힘들어했을 아이를 생각하면 가슴이 아프다. 아이의 의사를 따를 수밖에 없었던 그때는 좋아질 거라는 희망만을 생각했다.

아이가 진정으로 원했던 것은 조용히 있다가 전학을 가는 것이었다고 믿고 싶다. 다만 좀 더 성숙한 태도로 해결책을 찾을 수는 없었을까 하는 자책감이 들기도 했다. 그 당시 학교 자체를 거부하지 않았다는 것에 대해서는 천만다행으로 생각한다. 친구에게 받은 상처를 다른 학교의 친구들을 통해 치유할 수 있었으니 참으로 감사할 일이다.

정리하기

- 아이의 말을 곧이곧대로 받아들일 게 아니라 이면을 생각할 줄 알아야 한다. 외면하거나 화내지 말고 아이에게 어떤 도움이 필요한지를 파악하라.
- 무슨 문제가 생겨도 직접 말하지 않는 아이들도 있다. 부모가 잘 살펴보면 분명 평소와 다른 점이 있을 것이다. 문제를 파악한 뒤 아이가 진심으로 원하는 것을 잘 알아보고 성숙한 태도로 해결책을 찾아야 한다.

아이가 반항할 때 부모의 사춘기를 생각해보라

부모들은 대부분 아이에 대한 기대로 산다고 해도 과언이 아니다. 그런데 그 기대에 미치지 못할 때 아이를 채근하고 폭력을 쓰는 경우가 있다. 잘되라는 마음에서 비롯되었다지만 결코 옳은 방법이 아니다. 자녀가 부모의 마음을 이해할 수도 없고 멀어지기만 할 뿐이다. 아이가 중학생이 되면서 반항의 강도가 더 커진다. 감정의 기복은 롤러코스터처럼 수시로 요동친다.

부모는 아이와 함께 감정에 휩쓸리지 않는 일관된 상태를 유지해야 한다. 도저히 참을 수 없는 상황에 맞닥뜨리게 되어도 일단은 감정의 흐름을 멈춰야 한다. 이미 화가 난 상태에 이르렀다면 그날은 아이와 대화를 접어야 한다. 부모의 태도가 바뀌면 반항하던 아이는 어떻게 변할까? 부모의 태도에 따라 아이는 더 반항할 것인지 아닌지를 결정한다.

아이가 반항할 때 부모가 혼을 내거나 매를 들면 아이들이 잘못을 반성할까? 부모가 잘못을 지적할 때 아이들이 다신 그러지 않겠다고 약속하면 좋겠지만 현실에선 거의 이와 반대로 흘러간다. 부모가 원하진 않았지만 결국 아이의 반항을 더욱 유발할 뿐이다. 부모는 권위를 지키기 위해 목소리를 높이고 아이와의 악순환이 되풀이된다. 아이가 반항할 때는 어떻게 해야 할지 몰라 안절부절못하다가 대처를 잘못한 것 같아서 후회하는 경우가 많다.

잔소리와 더불어 윽박지르며 아이를 몰아세울 때 아이는 반항하게 된다. 그런 상황까지 몰고 갈 필요가 없는 문제들로 아이를 짜증 나게 만들어서 일순간 활화산처럼 돌변하는 것을 지켜보기도 한다. 가끔은 직장 일과 집안 일에 지치고 힘들어 참지 못하고 아이에게 또 잔소리한다. 이때 아이는 부모에게 받은 스트레스를 반항으로 맞받는다. 이런 악순환이 되풀이되지 않도록 부모가 노력하는 수밖에 없다.

반항할 때는 왜 아이가 반항을 할까 생각해 봐야 한다. 생각해 봐도 모르겠다면 한발 물러나 있으면 된다. 아이는 자기가 이겼다는 생각이 들겠지만 부모는 잠시 생각을 하며 대처방법을 마련하고 해결하기 위해 시간을 버는 것이다. 아이를 잘 키우는 데 필요한 것은 끈기와 시간이다. 아이는 왜 반항을 할까? 자기 생각이 옳다고 생각하는 경우다. 부모와 생각이 다를 때는 자기 생각이 맞다는 것을 증명하기 위해서 반항을 한다.

반항 자체가 목적인 때도 있다. 어른들에게는 아이의 생각이 틀리다고 할 수도 있지만 틀리다는 생각이 오히려 틀릴 수도 있다. 일단 아이가 자기 생각이 옳다고 주장하면 들어 주어야 한다. 흥분해서 설명을 못 하는 경우도 있지만 부모가 귀를 기울이면 아이의 고집을 줄일 수 있다. 귀를 기울인 뒤에는 아이의 주장보다 좀 더 나은 방법에 대해 충분히 생각해본 뒤 설득하는 것이 중요하다.

아이가 반항할 때는 나의 사춘기를 떠올려 봐야 한다. 교복 치마 줄이기, 말대꾸하기 한번 안 해본 것처럼 아이의 반항에 대처하지 말아야 한다. 직장에서 파김치가 되어 돌아온 날, 아이가 수저 하나 놓아주지 않아도 일단 화를 내지 말아야 한다. 그러나 언제나 말이 앞서서 실수를 하게 된다.

"스마트폰, 당장 내려놔."

저녁밥을 먹으며 폰을 내려놓지 않자 나도 모르게 큰소리를 질렀다.

"싫어, 밥 먹으며 스마트폰 하면 어때서?"

두 번 말해서 듣지 않으면 바로 압수를 해 버렸다. 몸이 힘드니 마음을 다스리지 못하고 아이의 행동에 화를 내거나 서로 부딪치는 일이 많아졌다. 둘째 아이는 교복 치마 때문에 반항을 한 적이 있다.

"너 혹시 교복 치마 줄였니?"

교실 의자에 앉았을 때 교탁 앞에서 보면 속이 다 보여서 짧은 치마는 안 된다고 그렇게 얘기했는데도 둘째 아이는 세탁소에서 교복을 줄이고야 말았다. 다시 늘린다고 하자 강하게 반항하는 아이에게 질 수밖에 없었다. 외모에 관심이 커질 무렵인데 강압적인 행동과 잔소리로만 들리는 얘기는 해봐야 소용이 없었다. 아이에게 내가 무엇을 말하려고 하는지 전달은커녕 반감만 사게 되고 반항하는 횟수만 늘어간다.

하지현 교수는 『엄마의 빈틈이 아이를 키운다』에서 이렇게 말한다.

"나를 찾아오는 엄마들은 대부분 빈틈없고 야무진 엄마, 아내가 되고 싶다고 말한다. 그러나 삶에는 빈틈이 필요하다. 빈틈이 있어야 숨통이 트인다. 빈틈이 있다는 말은 한편으로는 웬만한 공간은 다 채워졌다는 뜻이 아닐까? 살짝 빈틈이 있어야 인간다운 법이다. 빈틈이 있어야 삶의 방식을 재배치할 여유가 생긴다. 이 책을 통해 빈틈이 있어야 하는 이유, 그리고 빈틈을 살짝 비틀어 자리를 조정하는 것만으로도 충분히 상황이 개선될 수 있다는 점을 발견하기를 바란다." 또한 "부모는 아이가 아닌 다른 뭔가에 몰입하며 삶을 즐겁게 살라"라고 코치한다. 자기 인생이 재미있어지면 아이에 대한 지나친 관심과 고민은 자연스레 줄어들고 관계는 좋아진다는 것이다.

아이의 반항에 초점을 맞추지 말고 그 이면에 있는 마음을 알기 위해 노력해야 한다. 그런 후에는 진심으로 그 마음에 대해 공감해 주는 자세가 필요하다. 진정으로 알아준다고 느꼈을 때 행동은 변화한다.

정리하기

- 중학생이 되면 아이의 반항은 강도가 커진다. 참을 수 없는 상황에 이르러도 일단은 감정의 흐름을 멈춰라.
- 때론 반항 자체가 목적인 때도 있다. 아이의 생각이 틀릴 수도 있지만 일단 자기 생각이 옳다고 생각하고 주장할 때는 우선 귀를 기울여라. 충분히 듣고 생각해본 뒤 좀 더 나은 방법에 대해 설득하라.
- 아이가 아닌 다른 뭔가에 몰입하라. 아이에 대한 지나친 관심과 고민은 자연스레 줄어들고 자녀와의 관계는 좋아진다.

04

똑똑한 부모보다
지혜로운 부모가
되라

"아이 사교육에 들인 돈이 웬만한 대형차 한 대 값이에요."

내 주변에는 이런 얘기하는 엄마들이 많았다. 그런 얘기를 듣고 따져봤더니 내 이야기 같아 정신이 번쩍 들었다.

아이가 자라면서 그러지 말아야지 하면서도 공부하기를 강요하게 된다. 큰아이가 초등학교 4학년이 되면서 나는 교육에 대해 고민하게 되었다. '어떤 교육이 아이에게 맞는 것일까?'가 아닌 '어떤 사교육을 해야 할까?'라는 건전하지 못한 고민만 했다. 전 과목을 봐주는 대형학원, 소수정예 개인학원, 개인과외, 그룹과외, 인터넷강의, 자기 주도 학습 학원을 비롯해 심지어 실시간 화상 과외까지 시켜 봤다. 아이와의 대화를 통해 어떻게 공부를 해야 할 것인가에 대한 결정을 내려야 했는데, 'ㅇㅇ학원이 내신관리를 잘해준다.'는 말에 솔깃해졌다. 잘 나가는 과외선생님에 대한 정보를 얻기 위해 바쁜 와중에도 학교행사에 적극적으로 참여했고 뒤풀이까지 마다하지 않았다. 학교모임을 통해 고급정보를 얻을 수 있어서 학부모들과 좋은 관계를 유지하려고 노력했다.

'제각각인 부모의 기준으로 주어지는 물과 영양분을 통해 양육되는 아이들이 과연 건강할까?'라는 의구심이 들 때가 있다. 큰아이는 오랫동안 나의 권유와 회유를 통해 사교육을 받아 왔다. 그 과정은 순탄치 않았고 효과도 보지 못했다. 괜한 일을 벌여서 아이와 사이만 나빠지게 되었고 학원에 대한 불신만 키우게 되었다. 내가 선택한 학원이었지 누가 등을 떠밀어서 다닌 학원도 아니었는데 아이의 성적이 오르지 않으면 조바심을 내고 선생님의 능력부족이 아닌가 하는 탓만 늘었다. 아이에게 이런 부정적인 생각이 전해지지 않았을까 걱정이 되었다.

각종 사교육을 접해본 뒤에 알게 된 사실은 '공부에 재미가 생기면 혼자서도 성적을 충분히 올릴 수 있다'라는 것과 '학원에서 배우는 것을 통해 공부에 재미를 느끼는 것이 절대 아니다'라는 것이다. 큰아이는 전학을 간 뒤 첫 시험에서 상위권에 들면서 자신감이 생긴 것 같았다. 중위권에 머물던 성적이 상위권으로 올라가면서 공부해서 성적을 올리는 것에 대한 즐거움이 생겨서 스스로 성적관리를 하게 되었다.

지혜로운 부모는 "공부하라"라는 말을 하지 않는다. 공부하고 싶게 만드는 환경을 만들어 주고 아이의 성향에 맞는 교육시스템을 스스로 찾게 하면 된다. 지혜로운 부모가 되는 것은 쉽지 않다. 시행착오를 다 겪어본 후에야 어떤 부모가 지혜로운 부모인지 알게 되었다.

중학교 때까지 아이의 공부 문제를 내 마음대로 좌지우지했었고 중학교 2학년이 되자 외고에 보내려고 했다. 사실 외고에 가기엔 부족한 성적이었지만 잘 따라와 주어서 안심하고 있었다. 그런데 면접 때가 돼서야 외고에 갈 마음이 전혀 없었다는 것을 알았다.

면접 당일에 남편이 내 대신 아이를 데려가게 되었는데 1분도 안 돼서 나왔다는 말을 전해 들었다. 면접관이 물어보는 말에 뭐라고 대답했는지 물었다. "네", "아니요" 한마디로 간단히 답변했고 면접관도 질문을 몇 개 하지 않았다고 한다. 웃으며 담담히 말하는 아이에게 화가 나기보다는 허탈한 마음이 들었다. 외고에 가고 싶었던 건 내가 아니었을까, 그래서 아이의 의사도 무시한 채 일을 무리하게 진행한 게 아닐까. 아이는 부모가 방향을 제시하는 대로 따라와 줄 거라는 착각 속에 살았다. 그동안 외고에 가기 싫다고 하는 아이의 말은 전혀 듣지를 않았다. 아니 들리지 않았다. 가기 싫은 외고에 들어가기만 하면 된다는 엄마를 보며 무슨 생각을 했을까?

일본 최고의 수학강사이며 부모들의 멘토인 미야모토 테츠야는 『지혜로운 부모는 아이를 강하게 키운다』에서 '아이를 호랑이로 키울 것인가? 고양이로 키울 것인가?'라는 제목으로 이야기를 꺼내고 있다. 아이가 서툴고 모자란 게 있으면 도와주고 채워주고 싶은 게 부모 마음인데 좋은 양육을 위해서는 무관심을 가장하고 스무 살만 되면 독립시키라고 한다. 특별한 조언을 듣는 기분이 들게 해주는 말이다. 세 아이를 키우며 항상 실험 대상이었던 큰아이에게 미안한 마음이 있다. 이 책을 통해서 부모의 역할은 무엇인지 다시 한 번 깨닫게 되었다. 부모의 넘치는 관심과 애정은 강한 아이로 키우는 데에는 결코 도움이 되지 않는다.

부모의 과보호 탓에 자녀가 성인이 되어도 사회에서 홀로 서지 못하기도 한다. 어떤 부모는 학교 행사의 사회를 맡게 해달라며 청탁을 넣기도 한다. 자녀의 모든 일정을 꿰차고 있으며 비서처럼 움직인다. 조금의 시행착오도 겪게 하고 싶지 않은 부모들의 마음이라고 생각하기엔 정도가 너무 심하다. 부모가 이럴수록 아이는 홀로 서는 게 점점 힘들어진다. 대학을 졸업하고도 직장생활도 스스로 하지 못하는 아이로 자랄 수 있다. 자녀가 대학교 졸업 후 취업까지 한 지인들이 공통적으로 하는 말이 있다.

"자식은 마음대로 안 된다. 부모 마음대로 하려다가 괜히 시간만 낭비하는 것이다."

멀리 돌아갈 것 없다. 부모가 아무리 강요해도 자녀는 결국 자신이 원하는 인생을 산다고 한다. 자녀가 사회에서 인정받는 직업을 갖게 해야만 부모로서 성공한 것이라는 인식들 때문에 자녀를 옭아매고 있는지도 모른다. 우리나라 부모들의 직업에 대한 눈높이는 지나치게 편중되어 있다. 의사, 변호사, 교사, 공무원 등의 안정적인 직업을 선호한다.

그러나 직업은 사회가 변함에 따라 생성과 소멸을 반복한다. 이십 년 안에 현재 직업 중 60%가 없어진다는 주장도 있다. 부모 세대의 직업 정보에 의존하여 아이의 진로를 결정하는 것은 무모한 일이다. 수지가 맞지 않아 문을 닫는 동네 의원들도 심심치 않게 볼 수 있다. 공무원연금법 개정으로 공무원 신화도 깨지고 있다. 부모는 정해놓은 아이의 미래에서 조금이라도 벗어나면 불안해진다.

　부모 세대에서 안 좋은 이미지였던 직업이 아이 세대에는 그렇지 않을 수도 있다. 요즘 한창 뜨고 있는 직업인 '셰프', '메이크업디자이너' 등을 봐도 그렇다. TV 프로그램에서 가장 핫한 직업들이다. 어떤 채널을 돌려봐도 최고의 인기 직종이다. 부모와 자녀가 원하는 진로가 같다면 모르겠지만 그렇지 않다면 부모가 포기하는 게 당연하다. 결국 먼 길을 돌아서라도 자신이 원하는 방향으로 간다니 지혜로운 부모라면 사랑하는 자녀가 다시 원점으로 돌아가길 바라지는 않을 것이다.

정리하기

- 사교육에 의지하지 않아도 공부에 재미를 느낄 수 있는 계기가 생기면 성적은 올라간다.
- 지혜로운 부모는 공부하라는 말을 하지 않고 아이의 성향에 맞는 교육시스템을 스스로 찾게 한다.
- 아이의 공부에 나서지 말아야 한다. 부모가 아무리 강요해도 결국 아이는 자신이 원하는 길로 가기 때문이다. 지금 사회에서 인정받는 직업을 선택하도록 강요할 필요도 없다.

05

늦기 전에
아이와 눈을 마주치고
스킨십을 나누어라

부모와의 애착은 3살까지가 중요하다고 한다. 많은 육아 서적에서 말하기를 3살까지 부모와의 애착 관계가 형성되기 때문에 3살까지는 부모가 키우라고 한다. 그러나 맞벌이 가정이 많아지면서, 부모가 6개월에서 1년 정도 직접 키우거나 그것도 쉽지 않은 가정이 많다. 나는 세 아이를 낳았지만 두 아이는 3개월만 혼자 키웠고 막내는 13개월을 혼자 키웠다. 그 후에는 동생이나 육아도우미가 대부분의 육아를 해줬다.

막내를 출산하고 최장 3년까지 육아휴직이 가능해져서 이번에는 혼자 키워 보겠다며 한꺼번에 3년간의 휴직을 신청했다. 그러나 육아 의지는 오래가지 못했다. 온종일 혼자 육아를 하며 집안일까지 하다가는 스트레스 때문에 우울증에 걸릴 것 같았다. 남편만 기다리다 지치고 힘들면 육아 스트레스를 애꿎은 남편에게 쏟아냈다. 그러다 결국 하루에 2시간씩 가정형 어린이집에 맡기면서 스트레스는 줄어들었다. 3개월 후부터는 4시간씩 맡겼다. 막내가 두 돌이 되면서는 6시간으로 늘리게 되었다.

아이를 맡기며 1년 동안은 영유아들을 위한 영어스토리텔링과 동화구연을 배워서 무대에 공연도 해봤다. 배운 것을 막내와 동네 아기들을 모아서 그룹을 만들고 6개월 정도 수업을 했다. 책에서 배운 대로 아이를 키울 수만 있다면 얼마나 좋을까? 그러나 절대로 현실은 책대로 되질 않았다.

육아만 할 수 있는 상황이 되어서도 그렇게 할 수 없는 사람은 어쩔 수 없다. 최선이 아니라 차선을 선택해도 크게 나쁘지는 않다. 퇴근 후 아이에게 스킨십을 자주 해주고 말귀를 알아들을 때쯤이면 낮에는 일을 해야 해서 떨어져 지낼 수밖에 없다는 사실을 이해시켜야 한다. 주말이면 충분히 아이와 함께 놀아주고 사랑을 표현해 준다면 부모와의 애착형성에 크게 문제가 되지 않는다.

인터넷 상담 카페에 부모에 대한 고민을 털어놓은 18살 여학생의 이야기는 주목할 만한 것으로 생각되어 옮겨 본다.

"단순히 사춘기라서 그런 건 아닌 것 같습니다. 반항적이거나 그런 건 다 지나갔거든요. 부모님이 맞벌이하셔서 어릴 때부터 베이비시터 손에 자라고 엄마랑 같이 놀러 가본 적도 없었어요. 그러다 제가 불안정하다는 것을 느꼈어요. 엄마가 잘했다고 머리를 쓰다듬거나 손을 잡거나 살짝 건드리는 스킨십조차도 진짜 병적으로 싫었어요. 웃으며 얘기하다가도 스킨십하면 정색하고 막 짜증을 내서 혼도 많이 났지만 제어가 안 됩니다. 저는 엄마가 보고 싶다고 생각해 본 적이 어릴 때 말고는 없는 거 같고요.”

18살이나 된 아이들은 엄마의 스킨십을 좋아하지는 않을 것이나 위의 사례는 병적으로 싫어해서 치료가 필요한 사례였다. 엄마와의 스킨십을 싫어하는 것 자체가 문제가 되는 것은 아니다. 다만 아이에게 문제가 생겼을 때는 문제가 된다. 누구에게도 털어놓을 수 없는 일이 생겨도 엄마에게만큼은 털어놓을 수 있어야 한다. 혼자 해결하지 못하는 일을 겪을 때도 있기 때문이다.

많은 부모가 잊지 말아야 할 것이 있다. 현재 나타난 상황만이 전부가 아니다. 보이지 않는 곳도 볼 수 있어야 진짜 고민을 알게 된다. 아이가 신호를 보낼 때가 있다. 그때 바로 살펴보고 알아차려야 한다. 전문가에게 도움을 받아야 할 때도 있다. 그 시기를 놓치지 않아야 한다. 사춘기 부모들이 갖기 쉬운 함정은 내 아이에게 아무 문제가 없다고 생각하는 것이다. 그래서 문제를 축소하고 덮고 싶어 한다. 현실을 직시하고 싶지 않은 것이다.

아이에게 문제가 생기기 전, 아이의 사인을 읽어야 한다. 아이에게 집중해서 잘 살펴야만 사인을 읽을 수가 있다. 자녀가 아직 사춘기에 들어서지 않았다면 더 늦기 전에 평소에 못했던 스킨십을 나누고 눈을 마주치며 얘기도 나눠야 한다. 직장인 엄마들은 직장과 집안일로 이중고에 시달리며 그런 시간까지 만들 여유가 없다고 할 수도 있을 것이다. 하지만 자녀가 사춘기에 들어서면 삼중고에 시달릴 수도 있다. 사춘기를 겪어보고 후회하기에는 그 고통이 너무 크다.

- 육아만 할 수 없는 상황이라도 퇴근 후와 주말을 이용해 자주 스킨십을 해줘야 한다. 그리하면 부모와 아이의 애착 형성에 크게 문제가 되지는 않는다.

- 직장 일과 집안일로 이중고에 시달리는 엄마들이 놓치지 말아야 할 것은 더 늦기 전에 아이와 눈을 마주치며 얘기를 나누는 시간이다. 부모와 아이가 애착 형성을 못하면 사춘기에 삼중고를 겪게 될 수도 있다.

06

공부만 잘하면
아무 문제가
없는 걸까?

유독 우리나라 부모들은 공부에 관심이 많다. 간혹 도가 지나칠 때는 '치맛바람이 세다'는 말까지 들을 정도로 극성스럽다. 부모들은 '공부할 때가 좋은 줄 알아라. 공부를 잘해야 연봉이 달라진다'는 말로 아이들에게 부담을 준다. 중학생이 되면 등수대로 학교에서 엄마들의 위치가 갈리게 된다. 이성 교제도 등수가 떨어지지 않는다는 전제하에 허락한다. 아이들에게 좋은 성적은 면죄부다.

부모들뿐만이 아니라 실은 아이들도 전부 다 공부를 잘하고 싶어 한다. 1등을 싫어하는 아이는 없다. 다만 공부 습관이 잘못되었거나 방법을 몰라서 하고 싶어도 못할 뿐이다. 대인관계도 좋고 스포츠까지 잘하는 친구들이 인기 있는 건 내가 학창시절에도 마찬가지였다. 우리 집 아이들도 성적을 잘 받아온 날은 먼저 전화하는 데 별로일 때는 하루가 지나도 성적표를 주지 않는다.

대부분의 아이들은 성적이 좋든 나쁘든 성적에 대한 스트레스가 있다. 전교 1등을 놓치지 않는 남학생의 이야기이다. 부모는 시험만 봤다 하면 1등을 놓치지 않는 아이를 자랑스러워했다. 여자 친구가 있어도 성적은 내려가지 않았기에 그것도 걱정할 필요가 없었다. 외출할 일이 있던 어느 날, 밖에 나갔다가 집에 들어와 보니 아이가 집에 있는 것 같아서 방문을 열어 보고는 기절하는 줄 알았다고 한다. 아들이 여자애와 진한 스킨십을 하는 모습을 보았다고 한다. 공부 스트레스를 습관적으로 여자 친구와의 스킨십으로 풀고 있었다는 것을 그제 서야 알게 되었다고 한다. 얼마나 공부에 대한 부담감이 컸기에 학생 신분으로 그것도 가족들이 있는 집에서 그런 행동을 했을까 싶다가도 그 부모는 얼마나 기가 막혔을까 싶었다.

어떤 경우에도 공부만 잘하면 넘어가는 부모들이 적지 않다. 자녀가 중학교에 들어가는 순간 성적순으로 부모들의 서열이 정해진다는 말이 있다. 학교 활동을 아무리 열심히 해도 자녀가 공부를 잘하지 못하면 기가 죽는다고 한다. 학교에서 공부 잘하는 자녀를 둔 부모와 학생에게는 대우가 다르다며 고등학교 동창인 친구도 공감한다. 상위 3% 안에 들어가는 학생을 위한 반을 따로 운영할 정도이고 나머지는 그냥 들러리 역할만 할 뿐이라며 한숨을 쉰다. 성적이 상위 3% 안에 들면서 모든 면에서 걱정할 것 없이 잘해나간다면 다행이지만 대부분의 아이들은 그렇지 못하다.

몇 해 전에 나온 한편의 공익광고는 부모의 역할에 대해 진지하게 생각해

보게 했다.

부모는 멀리 보라 하고, 학부모는 앞만 보라 한다.
부모는 함께 가라 하고, 학부모는 앞서가라 한다.
부모는 꿈꾸라 하고, 학부모는 꿈꿀 시간을 주지 않는다.

마지막 문구는 마치 나에게 하는 말 같아서 많이 반성했다.

당신은 부모입니까? 학부모입니까?

그러나 사회적 분위기는 공익광고를 무색하게 했다. 대형학원의 입시설명회를 가보면 대놓고 재수해서라도 'SKY'에 보내라고 했다. 상위 3% 안에 들어야 만족하는 우리나라 부모들의 기대치는 너무나도 높다. 상위 3%는 주변에서 찾아보기도 힘들다. 성적보다는 공부에 대한 의욕과 습관이 중요하다. 초등학교에서 잘하던 아이가 중학교에 가서 성적은 물론 공부의욕까지 떨어지는 경우가 많다.

큰아이는 중학교에 가서 본 첫 시험에서 성적이 중위권으로 나오자 공부의욕도 하락했다. 등수가 반에서 중간 정도 나오더니 중학교 1학년 말까지도 더 이상 오르지 않았다. 초등학교 때에는 막연히 상위권이라고 생각하고 있었는데 막상 등수가 나오는 중학교에서 그렇지 않음을 알게 되었다. 중위권에서 성적을 올리기 위해 학원가를 순회하며 학원 선생님들에게 아이의 공부를 맡기면 내심 위안이 되었다. 하지만 아이 스스로 하는 공부가 아니니 재미있을 리가 없었고 시험 때만 마지못해 공부를 했다. 대형학원이나 실력 있는 소규모 학원을 아무리 전전하고 다녔어도 아이의 공부의욕은 점점 없어져 갔다.

공부에 의욕이 생기게 된 것은 전학 후였다. 첫 시험에서 반 2등을 했을 때는 나도 아이도 놀랐다. 그 일을 계기로 상위권으로 성적을 유지하려고 스스로 노력하는 것 같았다. 그러면서 공부습관을 잘 들여놓게 되었고 아무리 피곤해도 시험공부를 등한시하지 않았다. 공부 문제로 고민이 많았는데 우연한 기회로 하게 된 전학으로 전화위복이 되었다. 친구들도 아이에게 아주 우호적이었다.

"전학 온 ○○이가 예쁘다는 소문을 듣고 옆 반에서 보러 올 정도였어요" 라는 얘기를 반 친구에게 전해 들었다. 그렇게 전학 간 학교에서의 첫날은 느낌이 좋았다.

1등은 하고 싶지만 현실과는 달라서 공부에 재미를 못 느끼는 아이들이 대부분이다. 그런 아이들에게 공부는 열심히 해야 한다고 백번 말해봐야 무의미한 소리다. 공부는 힘들고 어렵지만 여러 가지 기회를 얻을 수 있게 된다는 것을 알게 해야 한다. 누구에게나 공평하게 기회를 얻을 수 있게 하는 것도 공부를 통해서라는 것을 깨닫게 해야 한다.

세계에서 가장 큰 영향력을 발휘하는 여성으로 손꼽히는 방송인 오프라 윈프리는 사생아로 태어나 빈민가에서 자랐다. 그러한 불우한 환경과 열악한 조건에서도 꾸준히 책을 읽고 공부를 해왔기 때문에 성공은 물론 지금까지 청소년들의 롤모델로 존경을 받고 있다. 공부만 잘한다고 해서 모두 사회에서 성공하는 것도 아니고 건강한 성인으로 잘 자라는 것도 아니다. 시험 때마다 성적 때문에 스트레스를 받아서 자살하고 수능일 직전에 시험에 대한 중압감을 못 이겨 자살한 아이들이 얼마나 많은가! 공부는 스스로 하고 싶을 때 해야 잘되는 것이다.

정리하기

- 부모뿐만 아니라 실은 아이들도 다 1등을 하고 싶어 한다. 성적이 좋든 나쁘든 성적에 대한 스트레스는 있다.
- 상위 3% 안에 들어야 만족하는 우리나라 부모들의 기대치는 너무나도 높다. 공부만 하라는 학부모가 되지 말고 멀리 보고 함께 갈 줄 아는 아이로 키울 수 있는 부모가 되라.
- 스스로 하고 싶을 때 하는 공부가 가장 효과적이다. 스트레스만 주지 말고 공부하고 싶은 계기가 생기는 환경을 만들어 줘야 한다.

07

믿음이 안 가는
이성교제는
허락해야 할까?

어린 시절부터 이성에 관심이 많고 적극적인 아이들은 유치원 때부터 "난 ○○가 좋아"라는 표현을 자주 한다. 부모들도 장래 사윗감, 장래 며느릿감이라며 자연스럽게 받아들이는데 가끔 낯간지러운 애정표현도 서슴지 않는 대담한 유치원생들도 있다. 물론 상대방이 싫어하지 않는 경우에 좋게 보이는 것이지 그렇지 않은 경우에는 상대방의 부모가 질색하기도 한다. 부모 관계가 좋은 집의 아이들이 애정표현에 적극적인데 반해 아닌 경우의 아이들은 표현도 서툴고 반응도 신경질적이다. 큰아이나 작은아이가 유치원에 다닐 때만 해도 애정 표현하는 아이들이 많지 않았다. 당시 한국의 가족들 대부분이 애정 표현에 익숙지 않았고 나와 남편도 신혼 초 빼고는 애정 표현을 금기처럼 멀리했다.

큰아이는 중학교 2학년 때 남자친구가 생겼다. 이성 교제는 대학에나 들어가서 하길 바랐던 내게 큰아이의 남자친구는 사건이었다. 한참 예민한 사춘기여서 무조건 반대는 못 하고 아이가 눈치채지 않게 일거수일투족을 감시하고 있었다. 그러다 이건 아니다 싶어서 남자친구를 집으로 초대하고 인사를 나눴는데 큰 애보다 작은 키에 아직도 어린 티가 나는 외모였다. 외모 때문이었는지 당분간은 안심하며 아이의 외출에 그다지 촉각을 곤두세우지는 않았지만 1년여를 사귀는 내내 노심초사했다. 하루는 하교 후에 집에도 안 오고 1시간 넘게 연락이 안 되었을 때 난 아이의 담임 선생님께 전화할까 말까 고민하다 전화를 했다. 큰일이 난 것 같은 목소리에 선생님은 아마 친구들과 놀고 있을 거라며 안심을 시켜주셨다. 얘기를 들어보니 시험이 끝나고 몇몇 아이들과 뒤풀이하러 근처 노래연습장으로 가게 되었는데 휴대폰 배터리가 없어서 연락을 못 했던 것이었다. 그날 나는 선생님께 민망함을 느끼며 이성 교제에 대해 노심초사하는 이유가 뭘까 하는 생각에 사로잡혔다.

나의 어린 시절엔 가정에서도 학교에서도 성에 관한 얘기는 금기시했었다. 중학교 가정시간에 너무도 적나라한 남녀의 생식기 그림과 정자와 난자 그림을 보며 민망해하던 기억만 난다. 딸 키우는 부모가 항상 우려하고 있는 것이 우리 사회의 가장 큰 병폐인 성희롱, 성폭행이다. 성 지식이란 게 겨우 가정 책에서나 보고 배운 게 다였으나 세상은 상상할 수도 없는 일로 성에 대한 나쁜 고정관념을 주고 있다. 한국 사회에서는 아직도 남녀 사이에서 여자의 "싫다"라는 의사 표현을 반대로 알아듣곤 한다. 남자들뿐만이 아니라 여자들도 그렇게 생각하고 있어 놀랄 때가 있다. 성에 대한 교육을 나이에 맞게 해야 하는 이유이다.

큰아이의 이성 교제를 겉으로는 허락한 것처럼 보였으나 속으로는 절대로 허락할 수 없었다. 다만 상대방 아이를 관찰하기 위해서 집으로 초대했을 뿐이었다. 게다가 남자아이에게는 교제를 해도 되나 서로 예쁘게 만나야 한다며 조건을 달았다.

아직도 이성을 만나는 건 무조건 안 된다고 하는 부모들도 많이 있다. 딸이 남자친구와 외출이라도 하는 때에는 어디에 가는지 물어보고 그래도 걱정이 되어 뒤를 쫓았던 경험을 해본 사람도 있을 것이다. 그것보다는 자녀가 건강한 교제를 할 수 있도록 충분한 대화를 나누는 쪽이 좋다. 성인이 아닌 청소년들의 교제에 어떤 문제점들이 있을지 미리 알게 해야 한다. 부모가 어떤 것을 우려하는지 솔직하게 얘기하는 시간이 필요하다.

"둘만 있을 때 성관계라도 할까 두려워."

"성적이 떨어질까 걱정돼."

마음에 담아만 둔다면 걱정은 더욱 커지는 법이다. 아이는 부모의 우려에 대해 듣고 당시에는 거부감을 가질 수도 있겠지만 한 번쯤은 짚고 넘어가주는 것이 좋다. 그래야 아이도 이성 교제에 대해 생각의 폭을 넓힐 수 있게된다. 구체적으로 걱정하는 바를 말하기가 껄끄럽긴 하지만 그래야 아이의 신뢰를 받을 수 있지 않을까?

나는 시청에서 4년 넘게 청소년 관련 업무를 맡고 있다. 3년 전에는 청소년들의 성교육을 위해 〈도전19벨-춘향이의 첫날밤〉이라는 뮤지컬을 2회

진행했다. 고등학교에서 1차례, 중학교 1차례 진행했는데 성교육을 주입식이 아닌 음악과 춤을 통한 뮤지컬로 하니 당시 학생들의 반응이 뜨거웠다. 퀴즈대회의 형식으로 흥미를 유발했는데 2시간 동안 자리를 뜨거나 떠들지도 않았다. 교사들도 "그 어떤 성교육보다 효과가 높았다"라고 말을 전했다.

뮤지컬을 관람하는 동안 내용이 다소 적나라해서 오히려 참석한 공무원들이 불편했는지 자리를 뜨기도 했다. 그런데 아이들은 이미 알고 있는 것들이었는지 오히려 무덤덤하게 받아들이는 것 같았다. 올바른 성 지식을 신나는 음악과 춤을 통해 자연스럽게 알려 주니 학생들이 집중했다. 진정한 사랑에는 책임이 따르게 되는 것임을 알려주는 엔딩 부분에서 눈물을 흘리는 여학생들도 있었다.

뮤지컬을 성공적으로 끝내고 정리하고 있는데 교사 앞에서도 신경 안 쓰며 다정하게 손을 잡고 있는 교내커플들이 꽤 있어서 좀 놀랐다. 내 생각을 들켰는지 옆에 계신 한 교사가 이렇게 말했다.

"한 반에 이성 친구가 있는 애들이 삼 분의 일은 되는데 저렇게 교내에서 손잡고 다니는 애들도 꽤 있어요. 학교 안에서는 떨어져 있으라고 말해도 소용없더라고요."

때때로 대낮에 교내에서 벌어지는 남녀학생들의 낯 뜨거운 행동들을 목격한 인근 주민들이 학교에 항의 전화를 하기도 한단다. 학교 안에서도 이성보다 본능대로 행동하는 학생들을 교사들이 다 관리할 수는 없지만, 부모의 입장에서는 기가 막힐 노릇이다. 점점 서양의 학생들처럼 애정표현에 적극적인 아이들을 방관만 하면 안 된다. 성교육을 정규과목으로 편성하고 다른 교과목처럼 적어도 일주일에 3시간씩 수업을 진행하면 어떨까? 우리나라도 외국처럼 성교육에 더욱 많은 예산과 노력을 들여서 좀 더 효율적인 프로그램을 만들 필요성이 있다.

스웨덴은 성교육이 가장 발달해 있는 국가로 1897년 학교에서 성교육이 시도되었다. 나이별, 단계별 교육과정이 세분화 되어있으며 세계에서 최초로 성교육을 전 아동에게 의무화했다. 덴마크는 1971년부터 초등학교 과정의 성교육을 의무화했다. 성교육이 의무화되는 데에 부모들의 강력한 주장이 있었기 때문이었다. 학생이 스스로 문제를 극복할 수 있는 독자적인 능력과 책임의식 및 인간관계에 대한 이해의 중요성을 강조했다. 국가가 주도하는 개방적이고 상세한 성교육은 청소년 임신 나이를 12.2세에서 17.7세로 늦추고, 낙태·임산부 사망·성병 등을 줄이는 긍정적인 결과로 이어졌다.

어릴 때부터 부모와 관계가 좋고 신뢰가 형성된 경우가 아니면 사춘기 아이들이 성적인 궁금증이나 사고 친 것을 털어놓기 어렵다. 어렸을 때부터 성에 대한 얘기를 자주 나누고 "넌 누구 좋아해?", "남자친구는 누구야?"라며 장난스럽게 대화를 시도하면서 아이와 유대관계를 맺어야 한다. 언제나 든든한 부모가 뒤에 있음을 믿게 하고 감당하기 어려운 일이 생겨도 도와줄 수 있는 사람은 부모뿐이라는 걸 알게 해야 한다.

부모들은 선정적이고 불쾌한 유해매체로부터 아이들을 보호하고 싶지만 그럴 수 없는 현실이다. 아이의 올바른 성 인식을 위해 부모가 미리 준비해야만 한다. 부모의 노력만큼 왜곡된 성 매체를 접하게 되어도 걸러낼 수 있는 자체 거름망은 촘촘해질 것이다.

자녀의 이성 교제로 걱정이 많은 부모들이 놓치지 말아야 할 것이 있다. 편향된 과거의 성 지식과 성 관념을 통한 자녀의 성교육은 필요 없다. 민망하고 부담스러운 것이라며 건너뛰어서도 안 된다. 가장 이상적인 성교육은 부모가 함께 해주는 것이다. 부모가 서로 존중하며 배려하는 모습에서 남녀의 성 역할은 동등하다는 것을 알 수 있게 된다. 지나치게 오버하며 구체적인 것을 알려주는 성교육을 할 필요는 없다. 자신의 몸을 소중히 여겨야 하는 이유가 무엇인지, 자신의 무책임한 행동으로 인해 생길 수 있는 여러 가지 상황들이 무엇인지 알려줘야 한다.

남녀의 성은 차이가 있어서 서로 배려해줘야 한다는 것과 서로의 성은 함부로 대할 것이 아닌 잘 지켜나가야 하는 것, 이 두 가지는 꼭 인식시켜야 한다. 주입식이 아닌 부모와 아이가 자연스러운 질문과 대화로 충분한 상호작용을 해야 한다. 그리하여 건강하고 올바른 성 관념을 체득하게 되고 아이들은 성장한다.

부모들은 자녀의 이성 교제를 그저 지켜봐야만 할 시기에 자꾸 개입하고 싶어진다. 나의 경우에도 겉으로는 내색도 못 하면서 '내가 너를 어떻게 키웠는데, 그렇게 남자 보는 눈이 없니?'라며 속으로는 불만이 쌓여 갔다. 늘 방과 후 일정에 신경을 곤두세웠고 간혹 뒤를 쫓기도 했다. 교제가 시들해진 것 같으면 안심이 되었고 부모 생일은 안 챙기면서 100일 기념일이나 화이트데이를 챙길 때는 내심 섭섭했다.

그러나 겪어보니 알 것 같다. 간섭하고 반대할수록 사춘기의 사랑도 더 애틋해지고 오래가는 법이다. 불안한 사춘기 교제라도 느긋하게 지켜볼 수 있는 내공을 쌓고 자녀가 쉽게 이해하고 공감할 수 있도록 성교육을 해주자. 자녀가 이성 교제를 할 때 부모는 마음이 한결 편해질 것이다.

 정리하기

- 자녀의 이성 교제를 무조건 반대할 게 아니라 부모가 어떤 것을 우려하는지 솔직하게 얘기해야 한다. 그래야 아이는 이성 교제에 대해 생각의 폭을 넓힐 수 있게 된다.
- 학교에서의 성교육이 의무화되어 있고 나이별, 단계별로 세분되어있는 국가의 긍정적인 결과를 보면 우리나라도 성교육에 더욱 많은 예산과 노력을 기울여야 한다.
- 가장 이상적인 성교육은 부모가 함께 해주는 것이다. 부모가 서로 존중하며 배려하는 모습에서 남녀의 성 역할은 동등하다는 것을 알게 된다.

08

비교는
부모와 아이를
불행하게 만든다

"은근히 언니와 비교하는 부모님이 미워서 보란 듯이 자퇴하고 싶어요."

부모가 언니와 자신을 비교하는 것에 대해 고민이 많은 고1 여학생의 이야기다. 부모가 겉으로 드러내지 않고 차별하는 것 같다며 보여주기 식으로 자퇴 결정까지 내렸다며 우울해 했다. 부모가 자녀를 키울 때 흔히 하는 실수가 형제자매간에 비교하는 것이다.

"언니는 너만 할 때 혼자 샤워도 했다"라든지 "언니는 수학을 잘했는데…."라는 말로 둘째에게 스트레스를 줬다는 것을 요즈음 깨닫게 되었다. 무심코 하는 말에 아이들은 비뚤어진다. 쓸데없는 비교로 아이들의 마음을 다치게 하지 말자. 비교당하는 아이는 비교 대상의 아이를 미워하게 되어 적개심만 키울 뿐이다.

나는 요즘 '세학자(세상이 학교인 자퇴생)'라는 인터넷카페에 들어가서 글을 읽고 가끔 댓글도 달고 있다. 세학자 카페에서는 학교를 그만두고서 더 힘들어졌다는 아이가 있는 반면 꿈을 이루기 위한 시간을 벌었다는 아이도 있었다. 업무와 관련된 카페를 통해 도움을 줄 아이들이 있나 찾아볼 겸 가입을 했는데 아이들에게 학교란 어떤 곳인지 의미부여를 하게 만드는 카페였다.

관련 업무인 학교 밖 청소년 지원 사업에 대해 설명을 하자면 동 사업은 여성가족부와 경기도 및 시군별로 사업비를 지원하여 학교 밖 청소년들(학교에 다니지 않는 청소년들)에게 검정고시 학원이나 자신이 선택한 진로와 관련된 학원에 다니게 하고 취업을 도와주는 사업이다. 아이들에게 학교란 어떤 것인지 의미부여를 하게 하는 색다른 카페여서 몇 년 전부터 자주 들여다보고 있었다. 학교의 문제가 아닌 가정의 문제로 자퇴하려는 아이도 있어서 정성껏 댓글을 달아주기도 했다. 한때 그러고 말겠지 하고 묻어버리기에는 나이가 적지 않은 고등학교 1학년 아이였기에 신경이 쓰였다.

"옆집 아이는 영어를 원어민처럼 잘하는데, 왜 우리 집 아이는 외국인 옆에만 가면 조용해질까?"

이렇게 남과 내 아이를 비교하는 부모도 있지만 남과 부모를 비교하는 자녀도 있다.

"내 친구네는 잘 살아서 아파트도 넓고 멋진데, 왜 우리 아파트는 이렇게 초라할까?"

부모는 성적 때문에 비교하고 자녀는 경제력 때문에 비교한다. 비교하면 할수록 아이와 부모 사이가 멀어진다. 비교는 경쟁을 부르고 경쟁은 스트레스를 부른다. 남보다 좋은 성적을 받아야 하고 남보다 돈을 많이 벌어야 인정받는 세상이지만, 세상에 내보내기 전부터 비교하진 말아야 할 것이다.

보복운전으로 인한 교통사고가 늘어나고 있다고 한다. 보복운전자에게 처벌을 강화할 정도로 문제가 심각하다. 추월당해서 기분이 나쁘다는 이유로 운전을 방해하다 사망으로 이어지는 큰 사고를 내기도 한다. 도로 위에서도 남에게 지고는 못사는 사람들의 이야기이다. 가정에서 비롯된 경쟁사회의 병폐가 보복운전으로 나타난 건지도 모를 일이다.

이제는 비교가 아닌 믿음을 주자.『엄마가 믿는 만큼 크는 아이』의 기시미 이치로는 아이를 있는 그대로 사랑하고 존중하면 사회에 기여하는 행복한 인재로 키울 수 있다고 한다. 아들러의 육아론을 기초로 하여 자신의 아이를 키우며 검증했다고 한다. 아이를 키우며 별 이유도 없이 비교할 때가 있다. 생활화되어 있어서인지 어떤 때에는 칭찬하면서도 비교할 때가 있다. 막내딸이 그림을 그려서 보여줄 때 별 뜻 없이 했던 말이다.

"큰언니 닮아서 그림을 잘 그리나 봐."

"그럼 작은언니는 그림을 못 그렸어?"

막내딸이 하는 말을 듣고는 아차 싶었다. 옆에 있던 둘째에게 미안해졌다. 문제행동이 나타나기 전에 부모는 비교하는 버릇을 고쳐야 한다. 비교당하는 아이가 아닌 믿음을 받는 아이로 자라게 하자.

- 쓸데없는 비교로 아이의 마음을 다치게 하지 말자. 비교당하는 아이는 적개심만 생기고 부모와 사이가 멀어지게 된다.

- 비교는 경쟁을 부르고 경쟁은 스트레스를 부른다. 아이를 세상에 내보내기 전부터 비교하며 키우지 말아야 한다. 가정에서 비롯된 경쟁이 여러 가지 사회적 병폐의 원인이다.

- 비교가 아닌 믿음을 받으며 자란 아이들이 사회에 기여하는 행복한 인재가 된다.

09

부모가 먼저
사춘기에 대해
공부하라

"엄마, 내 얼굴은 왜 이렇게 못생겼어?"

"뭐? 누가 너 못생겼대? 아냐, 너 예뻐."

"아니야, 난 못생긴 것 같아."

딸이 있는 부모들은 한 번씩 들어 본 적이 있을 것이다. 둘째 딸이 중학교 1학년이 되면서 했던 말이다. 갑자기 외모에 관심이 많아진다면 사춘기가 시작되는 것이다.

인터넷청소년상담소에서 고민을 상담하던 14살 여학생의 이야기다. 외모에 전혀 관심이 없다가 갑자기 외모에 관심이 생기고 신경이 예민해져서 혼자 있고 싶을 때가 많다고 한다. 그런데 부모님은 자신의 사춘기에 대한 배려도 없고 지식도 없어서 더욱 고민된다고 한다. 여학생이 쓴 글에 의하면 고대기로 앞머리를 말았더니 엄마가 '날라리 같다' 하시며 때렸다고 한다. 말로 해도 충분한데 때린 것에 대해 화도 나고 앞으로 고지식한 부모와 살기가 너무 힘들 것 같다고 호소하는 내용이었다. 이제 시작된 사춘기지만 앞으로 더 깊은 사춘기가 되면 부모님과의 갈등도 고조될 것 같아 안타까운 마음이 들었다. 부모 세대의 사춘기와 요즘 세대의 사춘기는 정도의 차이가 있는 듯하다. 그러나 부모들에게도 분명히 사춘기가 있었다. 나의 사춘기는 조용했으나 부모의 조언이나 지시를 받으면 속에서는 반항심이 더욱 커졌다. 말대꾸도 점점 심해졌고 불만이 쌓이면 말투부터 바뀌었다.

"엄마가 사오는 옷은 촌스러워서 입을 수가 없어."

"엄마, 앞으로는 내가 살 테니까 돈으로 주면 안 돼?"

초등학교 4학년 때부터 아이들은 내가 사다 주는 옷을 어떤 것은 한 번도 입지 않고 옷장 속에 쌓아 두었다. 아이의 취향은 뒤로하고 주로 유행을 타지 않으면서 다림질할 필요도 없는 면 소재 위주의 옷을 골라 사는 편이었다. 기껏 사 왔는데 쳐다보지도 않더니 결국 옷장에만 걸려 있는 옷을 보면서 속이 매우 쓰렸다. 화가 나서 억지로 입혀보려다 결국 아이와 사이만 나빠졌다.

중학교 2학년 때부터는 옷을 사려는 아이들 뒤에서 조용히 쫓아다니며 카드결제만 해주었다. 고등학교 1학년이 되면서부터는 아예 구매금액 상한선을 정한 뒤 신용카드를 주고 직접 사게 했다. 친구들과 함께 쇼핑하면서 옷을 살 수 있게 했다. 그렇게 해서 아이들에게서 상처받을 일을 만들지 않게 되었다. 옷뿐만이 아니라 생활용품 구매도 직접 하는 경우가 빈번해졌다. 다양한 개성과 주관적인 기준을 맞춰줄 수가 없다. 주관이 뚜렷하고 개성이 강한 아이의 엄마는 경제적 지원만 해주면 된다. 기왕 사주는 것 아이가 좋다는 대로 해주고 대신 골라줄 시간에 자유를 누리기로 했다.

첫 아이를 낳고 세상을 다 얻은 듯 기뻐했지만 아이를 키우는 일은 결코 만만한 것이 아니었다. 영유아기의 부모들은 육체적으로 힘들고 지칠 때가 많다. 그러나 아무리 힘들어도 각종 육아 책들을 사서 공부도 하고 좋다는 것은 다 해주려고 한다. 그렇게 키웠는데 사춘기가 되어서 갑자기 돌변하는 아이에게 상처를 받고 정신적으로 힘들어한다. '아이가 빨리 사춘기에서 벗어났으면…' 하고 바랄 뿐이다. 정말 공부해야 할 때인 사춘기를 참기만 하면 되는 줄 알았다. 아이가 자라면 저절로 좋은 부모가 되는 줄 알았다. 책을 통해, 다른 좋은 부모를 통해 공부해야 할 필요가 있다. 아이의 건강한 성장을 위해서는 영유아기만 공부할 게 아니라 사춘기를 공부해야만 한다.

- 사춘기에 대한 배려나 지식이 없는 부모는 아이를 힘들게 하므로 아이를 자극하여 갈등이 고조되지 않도록 조심해야 한다.
- 다양한 개성을 다 맞춰줄 수는 없지만 자기주장이 강한 아이는 최대한 맞춰 줘라. 아이에게서 상처받지 않도록 쓸데없는 간섭을 줄일 필요가 있다.
- 영유아기 때만 공부할 게 아니라 아이의 건강한 성장을 위해서는 사춘기를 공부해야 한다. 책을 통해, 다른 좋은 부모들과의 소통을 통해 공부하라.

10

아이는
부모의 사랑을 확신하면
제자리로 돌아온다

초등학교 6학년 때 학교 친구들에게 왕따를 당한 뒤 자해와 우울증으로 정신과 치료를 받고 입원까지 했던 아이가 있었다. 고등학교에 올라가서 교실에서 10명이 넘는 아이들에게 둘러싸여 괴롭힘을 당한 뒤 자퇴를 결심하고 3주간 학교에 안 갔던 아이가 부모의 반대로 자퇴를 못 하고 있었다. 아이는 학교에서 적응하지 못했고 조퇴를 수시로 하는 자신을 이해하려고 하지 않는 부모와도 사이가 안 좋아져서 집을 나가려는 생각까지 하고 있었다. 조퇴를 밥 먹듯이 하니 담임 선생님도 허락을 해주지 않았고, 아파서 부모님께 호소할 때 병원에는 안 데려가고 약만 주며 간혹 "이제 덜 아프지?"라는 말뿐이었다고 한다. 그 뒤 응급실을 다녀오고 나서 4kg이나 빠졌고 부모님과 계속 말을 하지 않았다. 며칠 뒤 엄마에게서 "집을 나가라. 더 이상

너에게 뭘 해줄 마음이 없다"라는 전화를 받았다고 한다. 그 아이도 바로 그렇게 하겠다고 말했지만 무척 속상해했다.

세상 모든 사람들이 아이를 이해하지 못해도 끝까지 믿어주고 이해해 주는 게 부모일 것이다. 위 사례에 나오는 엄마의 심정을 이해하지 못하는 것은 아니지만 부모님은 완벽한 나의 편이야 하는 생각이 들게 해야 한다. 자녀를 키우며 두 번 세 번 생각하지 않고 섣불리 행동한 것에 대해 후회하는 일이 많았다. 사랑하는 내 자녀의 건강한 성장을 위해서 부모는 후회할 일을 만들지 말아야 할 것이다.

한때 나는 사춘기 아이와 함께 지내는 게 너무 힘들어서 미국에서 사는 아이의 고모에게 보낼까 하는 생각도 했었다. 그게 아이에게 더 좋을 것이라며 착각을 했다. 그때 상담을 받으며 힘든 시기를 버틸 수 있었다. 만약 아이와 떨어져 지냈다면 평생 후회하며 지냈을 것이다.

질풍노도의 시기를 보내는 사춘기 아이도 있고 무난히 넘어가는 사춘기 아이도 있다. 정도가 다르긴 해도 부모의 사랑이 가장 많이 필요하고 배려가 더욱 필요한 시기이다. 존중받지 못한다고 느끼거나 사랑이 부족하다고 느끼면 알 수 없는 사춘기 행동과 말은 더 심해질 수 있다. 사춘기라 그런 것이고 곧 지나갈 거라고 낙관하면 안 된다.

아이가 탈선의 행동을 보일 때가 있다. 마치 부모가 원수인 듯이 바라볼 때도 있다. 아이의 행동에 상처받고 실망하고 자포자기하고 싶은 마음이 들기도 한다. 아이가 방황하며 탈선의 유혹에 쉽게 넘어가는 것을 보며 무기력해질 것이다. 하지만 아이들의 소리에 귀를 기울여야 한다. 아파하는 소리를 잘 듣고 엇나가는 행동 속에 숨은 뜻을 잘 파악해야 한다.

아이가 언제나 돌아올 곳은 부모의 품이라는 것을 머릿속에 심어 줘야 한다. 부모의 역할은 자녀의 믿기지 않는 행동에도 끝까지 가슴에 품는 것이다. 믿기지 않는 행동을 할 때도 '그럴만한 이유가 있을 거야.' 라고 생각할 수 있는 여유를 가져야 한다. 방황하는 아이들은 '이 세상에 믿고 의지할 사람은 부모님뿐이야'라는 생각이 들어야 다시 제자리로 돌아오게 된다.

끝이 보이지 않는 가난과 아버지의 술주정 때문에 중학생 때부터 문제아였던 『멈추지 마, 다시 꿈부터 써봐』의 저자 김수영은 이렇게 말했다.

"숱한 방황 끝에 다시 제자리에 돌아올 수 있었던 것은 밤마다 이어지는 엄마의 기도 덕분이에요."

딸이 돌아오길 기다리며 밤마다 기도하는 엄마의 정성을 알고는 방황을 끝낼 수 있었다고 한다. 그 후 〈골든벨〉이라는 방송에 나오며 학교에서 유명해졌고 대학에 들어가고 외국계 회사에 취직도 했다. 지금은 청소년과 청년들에게 큰 꿈을 그리고 그 꿈을 이룰 수 있게 도움을 주는 꿈 전도사로 큰 활약을 하고 있다.

사춘기에 사춘기를 겪는 게 더 낫다고 한다. 사춘기가 끝나갈 무렵인 고등학교 때에 가서 사춘기 통증을 앓고 있는 아이들을 보는 게 더 힘들 것이다. 고등학교를 잘 다니다가 학교를 그만두겠다고 한다면 인생의 중요한 때를 놓치고 후회하게 될 수도 있다. 늦게 오든 제때에 오든 견뎌내야 한다면 제때에 견디는 게 낫다. 통제하고 간섭하는 부모일수록 이 어려운 시기를 더욱 힘들게 보낼 수도 있다. 그러나 사춘기에 변화된 아이를 자극하지 말

고 기다려주며 견뎌낸다면 다시 제자리로 돌아오게 된다. 아무리 방황이 길

어져도 부모의 사랑만 확신한다면 다시 부모의 곁으로 돌아온다.

정리하기

- '부모님은 완벽한 나의 편'이라는 믿음을 줘야 한다. 세상 모든 사람들이 아이를 이해하지 못해
  도 부모는 끝까지 믿어주고 이해해 주어야 한다.
- 사춘기에 변화된 아이를 자극하지 말고 기다리고 견뎌내라. 아무리 긴 방황을 해도 부모의 사
  랑만 확신한다면 결국 제자리로 돌아온다.

part 3

.....

내 아이와 통하는
사춘기 대화법

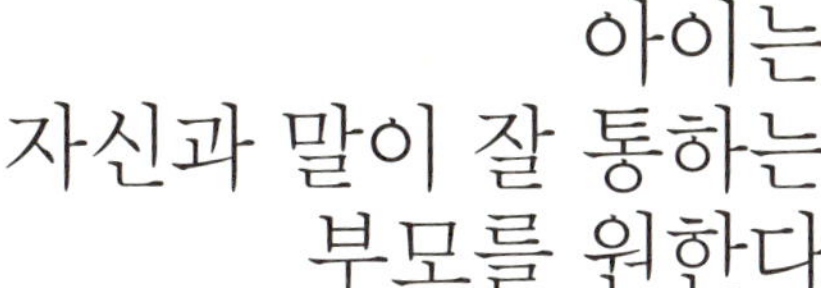

아이는
자신과 말이 잘 통하는
부모를 원한다

자녀와의 대화가 잘되지 않아 고민이 될 때가 많다. 부모 입장으로 듣게 되니 훈계하는 말투가 된다. 부모의 경험으로만 판단하려 하면 말싸움으로 끝나고 마는 게 다반사다. 자녀와의 관계를 잘 유지하고 깊은 대화를 나누고 싶다면 말을 줄이고 많이 들어야 한다.

그러나 아이가 자라면 부모의 기대치도 자라는지, 훈계하는 횟수가 늘어난다. 아이가 밖에서 남에게 폐를 끼치지 않았으면 하는 마음이 커져서이다. 자꾸 말이 많아지니 잔소리가 되고 아이는 부모의 잔소리에 질색하게 된다.

아이들은 초등학교에 들어가면서 말이 많아진다. 작은아이도 그때부터 한참 말이 많아져서 퇴근 후에 집에 오면 입에 모터라도 단 것처럼 학교에서 있었던 얘기들을 쏟아 놓았다.

"엄마, 엄마(작은아이는 초등학교 때 나를 꼭 두 번씩 불렀다.) 오늘 체육 시간에 우리 반 남자애가 다쳤어."

"그래? 많이 다쳤어?"

"응, 얼굴이 피로 물들었어."

"끔찍해라. 어쩌다 그렇게 다쳤어?"

"운동장에서 축구를 하다가 쓰러지면서 얼굴을 다쳤어."

"크게 다치지 않아야 할 텐데, 너도 많이 놀랐겠다."

"완전 놀랐지. 피가 이마에서 입까지 흘러내렸어."

어떤 날은 수다스럽지 않은 큰아이가 수다스러운 작은아이와 함께 말을 걸 때가 있다. 한꺼번에 두 아이가 함께 얘기할 때는 맞장구치느라 정신이 없다. 게다가 아이들의 말을 집중해서 잘 들어야 공감을 할 수 있는데 어떤 날은 두 아이가 한꺼번에 말을 걸어서 건성으로 대꾸하기도 했다.

"엄마, 다음 주까지 컵스카우트 단복에 이름표 달아 오래."

이때 갑자기 작은아이가 동시에 말을 건다.

"엄마, 오늘 드디어 짝꿍이 바뀌었어. 그동안 짝꿍이 마음에 안 들었는데, 너무 다행이야."

"응."

"엄마! 내 말 들은 거야? 다음 주까지 이름표 달아야 한다니까."

"그래, 이름표 달아 놓을게."

큰아이에게 대답한 뒤 바로 둘째 아이에게 대답하려는데,

"뭐야, 엄마는 내 말에 관심도 없네."

"……."

가끔 아이가 하나인 엄마들은 여유 있게 대화를 하는 것 같아 부러워하기도 했다.

말이 잘 통하려면 아이와 눈을 마주 보고 대화를 나누어야 한다. 눈을 보고 얘기하면 이야기에 좀 더 집중할 수 있다. 아이의 말에 공감하기도 쉬워진다. 사춘기 아이와 말이 통하려면 공감보다 좋은 건 없다. 부모가 아이에게 아무리 이성적인 설명을 해도 감정을 인정받지 못하면 아이는 엇나가게 된다. 아이의 마음을 열기 위해서는 다음과 같은 공감의 말이 필요하다.

"누구라도 너처럼 행동했을 거야."

"이해해."

"내가 그 상황이라도 너처럼 말했을 거야."

"네가 잘못한 게 아니야."

"그래, 네 말이 맞아."

말을 잘하는 사람은 상황에 맞는 말을 하는 사람이다. 그러기 위해서는 먼저 말을 잘 들어야 한다. 아이에게 '이 말은 꼭 해야지' 하고 때만 기다리고 있으면 아이가 하는 중요한 말을 놓치고 만다. 아이의 눈을 보고 집중하고 들어야 하는데 오직 할 말에만 집중하고 있기 때문이다.

부모에게 부탁의 말을 들어도 여러 가지 이유로 들어주기 어려운 게 사춘기 아이들이다. 그런데도 나는 아이들에게 "~해줄래?"가 아닌 "~해라"라고만 했다. 일과 씨름하느라 바쁜 엄마로서 겪은 시행착오는 아이들을 직장의 후배들처럼 대했다는 것이다. 직장에서는 약간 권위 있게 행동하고 말해야 지시, 명령 등이 잘 통한다. 직장과 집을 혼동했던 나는 집에서도 권유나 요청 대신 지시만 내렸다.

"오늘은 꼭 방 청소해 놓아라."

"싫어, 귀찮아."

"……."

방에서 벌레가 나올 것 같아서 벼르고 말을 했으나 간단히 무시당했다. 아이들이 중학교에 들어간 뒤로는 한 번 싫다고 하면 아무리 사정을 해도 내 말을 듣지 않았다. 두 번 세 번 목청 높여 지시를 내려도 듣기는커녕 사이만 나빠졌다.

"밥 먹고 설거지 좀 해."

"싫어. 차라리 밥 안 먹을게."

"알았어. 설거지 안 해도 되니까, 밥은 먹어야 해."

집에서는 내 말이 안 통해서 울화가 치밀 때도 있었다. 상하관계가 통하는 직장과 다르게 집에서는 한없이 작아졌다.

대화가 잘되는 집은 부모가 권위적으로 말하지 않는다. 항상 아이를 어른과 동등하게 대하고 의견을 물어보고 함께 상의하며 결정을 한다. 말이 잘 통하려면 배려와 존중이 기본이 되어야 한다. 내 아이에게 직장에서처럼 지시를 내렸을 때 그대로 따라주기만 하면 얼마나 빠르고 쉽겠는가.

부모와 자녀 사이는 벽돌과 벽돌 사이 같다. 쌓인 벽돌들 사이에 존중과 배려와 같은 것들이 스며들어 시멘트와 같은 역할을 한다. 존중과 배려는 부모와 자녀 사이를 단단하게 해주는 역할을 해주는 것이니 꼭 갖춰야 할 중요한 덕목이다.

 정리하기

- 자녀와의 관계를 잘 유지하고 깊은 대화를 나누고 싶다면 말을 줄이고 많이 들어라. 훈계하고 가르치는 부모의 잔소리에 아이는 질색하게 된다.
- 말이 잘 통하려면 눈을 마주 보고 이야기에 하면 된다. 집중도 잘되고 공감하기도 쉽다. 아무리 이성적인 설명을 해도 자신의 감정을 인정받지 못하면 엇나가게 된다.
- 말을 잘하는 부모는 아이의 상황에 맞는 말을 하는 사람이다. 눈을 보고 집중하고 들어야 아이가 하는 중요한 말을 놓치지 않는다.
- 대화가 잘되는 집은 부모가 권위적으로 말하지 않는다. 어른과 동등하게 대하고 함께 상의하고 결정한다. 존중과 배려가 대화의 기본이 되어야 하며 이 두 가지 덕목은 부모와 자녀 사이를 단단하게 해준다.

관심을 줄이면
아이의 문제 해결 능력이
향상된다

대구틱장애 진단을 받은 남자아이의 어머니가 인터넷상담소에 올린 이야기다. 아이의 틱장애를 늦게 발견한 어머니는 죄책감과 조급함 때문에 처음에는 아이에게 무조건 틱장애 증상을 참으라고 강요했다고 한다. 하지만 아이의 증상은 하루가 다르게 나빠져만 갔다.

"아이가 조금이라도 증상을 보이면 관심을 다른 데로 돌리게 하고 못하게 했는데 좋아지기는커녕 더 심해졌어요"라고 했다. 대부분의 부모들도 그럴 수밖에 없을 것이다. 시간이 갈수록 불안해져서 아이의 증상에 도움이 안 되는 행동만 하게 된다. 지적하고 못하게 하면 할수록 증상이 심해질 수 있다는 사례였다.

막내가 6살일 때, 어린이집 선생님께서 조심스럽게 말문을 여셨다.

“어머니…. ○○가 한쪽 눈을 자주 깜빡이는 거 아시죠?”

“네. 작년부터 자주 눈을 깜빡이더라고요.”

“제가 말씀드리기가 좀 그랬는데…. 알고 계신다니 다행이네요.”

“피곤하거나 긴장하면 그래요. 얼마 전 어린이집 발표회에서도 긴장했는지 눈을 깜빡이더라고요. 일 년 정도 된 것 같은데, 선생님도 느끼셨나 봐요.”

“네. 그럴 때마다 가족들이 너무 관심 갖지 말고 피곤하지 않게 해주시는 게 도움이 될 것 같아요.”

사실 아이가 왼쪽 눈을 깜빡일 때마다 틱장애이면 어떡하지 하며 조급한 마음이 들었다. 한쪽 눈을 깜빡거릴 때마다 “○○야, 또 깜빡인다. 그러지 마”라고 말하곤 했다. 말을 해서 멈출 수 있는 게 아닌데도 아이에게 계속 부담을 주었다. 놀이치료를 통해서 아이의 틱장애 원인을 파악해보려고 상담실도 찾아갔다. 심한 편은 아니니 아이가 증상을 보일 때 조바심보다는 피곤한가 보다 생각하고 편하게 대하라고 했다. 상담선생님의 말대로 하니 초등학교에 들어가면서 자연스럽게 없어졌다.

자녀 주위를 맴돌며 지나치게 참견하고 챙겨주는 엄마를 ‘헬리콥터 맘’이라고 부른다. 유치원이나 초등학교 주위를 맴돌던 헬리콥터 맘이 이제는 대학과 직장까지 맴돈다. 학장에게 전화를 걸어 자기 자녀가 졸업반인데 열심히 공부한 교수가 학점을 주지 않았다고 따지기도 한다. 심지어 가족여행을 가는데 수강신청 기간과 겹친다고 사정을 봐달라는 이야기부터 학교에서 뽑는 홍보도우미에 선발되도록 청탁하기까지 한다.

자녀가 성인이 되었는데도 물가에 내놓은 어린애같이 불안해하고 초조해 하는 부모가 많다. 그러나 부모가 이럴수록 아이는 점점 더 움츠러들고 홀로 서지 못할 것이다. 자녀 스스로 해볼 수 있는 기회가 필요하다. 자녀를 믿고 부모 슬하에서 떠나보내야 한다. 자녀의 모든 것을 대신 해줄 수는 없으니 자녀 주위를 맴돌지 말고 떠나야 한다.

그리스 신화에 나오는 '프로크루스테스(Procrustes)'는 아테네 산길을 오가는 사람들을 괴롭혔다. 산길을 지나가는 사람을 잡아서 자신이 만들어 놓은 철 침대에 눕혀 놓고, 침대보다 키가 클 땐 삐져나온 다리를 자르고, 반대로 키가 작은 사람은 강제로 다리를 잡아끌어 늘려서 죽였다.

부모도 자녀에게 '프로크루스테스'처럼 하고 있는 건 아닌지 돌아보아야 한다. 일방적인 부모 잣대를 정해놓고 자녀가 그 잣대보다 앞서나가면 잘라버리고 모자라면 억지로 늘린다. 아이들은 부모가 정해 놓은 일방적인 잣대에 힘겨워하고 있다. 자녀의 눈높이를 생각하지 않은 잣대는 자녀뿐만 아니라 부모 자신도 불행하게 만든다. 평생을 자식 뒤치다꺼리하느라 힘들어질 수 있다.

아이 스스로 문제를 해결할 수 있는 경우에도 먼저 해결해주는 부모가 많다. 부모의 관심과 노력이 커질수록 아이의 문제 해결 능력은 둔화한다. 부모가 개입하면 할수록 자신이 얼마든지 해결할 수 있는 것도 못하게 되고 결국은 무능하게 자라게 된다.

방관하는 것도 문제지만 지나친 관심은 아이에게 독이 될 수 있다. 아이가 문제를 해결하려면 부모의 지나친 관심을 최대한 자제해야 한다.

성취감을 느끼는 것도 인생의 큰 기쁨이다. 관심이 지나쳐 모든 것을 다 해주려다 성취감을 느낄 기회를 놓치지 않게 하라. 자녀를 진정으로 사랑한다면 부모는 현명하게 자녀를 키워야 한다. 크게 잘못되지 않는다면 스스로 문제를 해결할 기회를 주어야 한다. 사랑하는 내 아이가 유능한 사람으로 자라도록 관심을 줄이자. 부모의 관심을 줄이면 아이의 문제 해결 능력은 향상된다.

정리하기

- 자녀를 물가에 내놓은 어린애처럼 대하고 불안해하고 초조해하는 부모가 많다. 자녀 스스로 해볼 기회를 줘야 한다. 뭐든지 다 해주려 하는 부모의 아이는 문제 해결능력이 둔화한다.
- 일방적인 부모의 잣대로 아이를 키우게 되면 자녀뿐만 아니라 부모도 불행해진다.
- 성취감을 느낄 기회를 주자. 내 아이가 유능한 사람으로 자랄 수 있게 관심을 줄이자. 그리하면 아이의 문제 해결능력은 향상된다.

03

아이의 입장에서
생각하고
말하라

유명한 성악가 엔리코 카루소는 음악 선생님으로부터 자질이 없다는 혹평에 충격을 받았다. 그의 어머니는 아들을 꼭 안아주며 위로해 주었다.

"아들아, 너는 할 수 있어. 너는 반드시 훌륭한 성악가가 될 수 있을 거야. 실망하지 말거라."

그는 어머니의 따뜻한 위로와 격려에 용기를 얻고 최선을 다해 노력했다. 그 결과 아름다운 목소리로 인류에 큰 감동을 주는 성악가가 되었다. 자녀에게 정말 위로가 필요할 때, 부모는 아낌없이 위로해 주고 감동을 줄 수 있어야 한다. 음악 선생님은 아마 객관적으로 혹평했을 터이지만, 그의 어머니는 성악가가 되고 싶어 하는 아들의 입장에서 용기를 주려고 했을 것이다. 위대한 사람 뒤에는 훌륭한 부모가 있다는 것을 깨닫게 되는 이야기다.

인터넷상담 사이트에 한 엄마의 고민 상담 글이 올라왔다. 고1 큰아이가 거짓말을 아무렇지 않게 해서 걱정이 많다고 한다. 혼날 일도 아닌데 거짓말로 그 위기를 넘기려 하고 며칠 전에는 학교에서 연락이 와서 갔더니 친구들 물건을 가져갔다는 말을 들었다고 한다. 남의 물건을 가져가서는 자기 것인 양 다른 친구들에게 자랑하고 다녔다는 아이를 어떻게 가르쳐야 할지 모르겠다며 하소연하고 있었다. 사실 아이가 그렇게 거짓말을 하게 된 원인은 이렇다고 한다.

"저희 아이는 산악자전거 타기를 좋아합니다. 선수를 하고 싶다고 할 정도입니다. 하지만 넉넉하지 못한 살림에 고가의 자전거를 사준다는 것은 엄두도 나질 않고 해서 중고 사이트에서 80~100만 원 하는 자전거를 사주고 그냥 취미로만 타라고 했고 그러다 보니 저희와 자꾸 부딪치게 되었습니다.

아들도 스트레스를 받는 것 같았지만 저희도 스트레스가 쌓이면서 아이가 무슨 말만 하면 언성이 높아지고 잘 들어주지를 않게 되었습니다. 그런 일들이 반복되다 보니 사춘기 시절에 자꾸 어긋나게 되고 하지 말아야 하는 일도 하게 되었습니다. 그러면서 아이가 입을 닫아 버린 것 같아서 속이 상하고 마음이 너무 아프답니다. 이런 게 거짓말과 남의 물건에 손을 대게 된 원인이 된 것 같아 마음이 아픕니다."

아이 엄마의 속상하고 안타까운 마음이 그대로 전해져서 코끝이 찡했다. 마음속으로 아이를 인정하고 이를 말로 표현했다면 처음부터 '엄마는 너를 존중한다'라는 메시지를 기초로 아이와의 관계가 형성되었을 것이다. 선수가 되고 싶어 할 정도로 좋아하는 것을 부모에게 인정받고 싶었을 텐데 취미로만 하라는 말이 아이에게 상실감을 주게 되었던 것이 아닐까 한다. 그러나 부모가 아들과 어긋나게 되었던 것을 이렇게 후회하고 있으니 서로 노력하면 좋아지리라 믿는다. 부모가 먼저 변하면 아이도 변하는 게 보인다.

사춘기 자녀와 잘 지내려면 적극적으로 아이의 입장에서 생각하고 말해야 한다. 그래야 아이를 부모 편으로 만들 수 있다. 아이를 내 편으로 만드는 방법은 간단하다. 들어주고 끄덕이고 추임새만 넣으면 된다. "그렇구나", "정말?" 정도의 추임새만 넣어도 어느새 아이는 신이 나서 얘기하고 대화의 주도권은 부모에게로 넘어온다. 지시하고, 속단하고, 아이의 말을 헤아려 주지 않으면 마음의 문을 닫고 더는 부모와 대화를 하지 않으려고 한다.

아이가 대화 중에 실수로 욕을 할 때도 있고 거짓말을 할 때도 있다. 적당히 모른 척하고 다음 말로 이어 나가게 해줘야 한다. 얘기 중간에 말을 끊지 않는 게 중요하다. 나중에 기회를 봐서 욕을 했던 것, 거짓말을 했던 것에 대해 짚고 넘어가는 여유를 가져야 한다. 당장 잘못된 것을 고치려고 하는 것보다 슬쩍 건드려주기만 해도 아이들은 죄책감을 느낀다. 조급하게 생각할 필요는 없다. 아이들은 생각보다 쉽게 나쁜 길로 들어서지 않는다.

초등학교 저학년 때부터 아이와 엄마는 좋은 관계를 형성해야 한다. 그래야 중고생이 되어서도 친구 대신 엄마와 놀아주기도 한다. 좋은 관계는 짧은 시간에 형성되지 않을 뿐만 아니라 개성이 강한 요즘 아이들의 마음을 이해해 주기도 쉽지 않다. 그러나 관계를 탄탄하게 유지하면 사춘기도 가볍게 지나간다.

그러기 위해서는 자주 놀아주고, 말은 많이 들어주고, 작은 약속이라도 잘 지켜야 한다. 아이들이 원하는 것이 무엇인지 고민하는 부모가 되고 싶다. 원치 않는 사랑은 받는 아이도 힘들어하기만 하고 부모 또한 허탈해진다. 아이가 원하는 사랑이 무엇인지 알고 잘 전달할 줄 알면 아이들은 행복하게 자랄 것이다.

 정리하기

- 자질이 없다는 타인의 객관적인 평가에 좌우되지 않고 자녀의 입장에서 말하고 용기를 줘서 한 분야의 거장으로 키운 부모들이 많다. 위대한 사람 뒤에는 훌륭한 부모가 있다는 것을 깨닫게 된다.
- 사춘기 자녀와 잘 지내려면 아이의 입장에서 생각하고 말해야 한다. 들어주고 끄덕이고 추임새만 넣으면 어느새 대화의 주도권은 부모에게로 넘어온다.
- 아이가 대화 중에 실수해도 일단은 다 들어줘야 한다. 당장 고치려 들면 더는 부모와 대화하려 하지 않는다. 대화 중간에 말을 끊지 않는 게 중요하다. 나중에 기회를 봐서 가볍게 언급해도 아이들은 죄책감을 느끼고 반성을 한다.
- 아이와의 좋은 관계는 짧은 시간에 형성되는 게 아닐뿐더러 개성 강한 요즘 아이들의 마음을 다 이해해 주기도 쉽지 않다. 그렇지만 노력해서 좋은 관계를 탄탄하게 유지한다면 사춘기는 가볍게 지나간다.

04

부모부터
열등감에서
벗어나라

나의 영어 열등감이 아이들을 쉽게 하지 않았던 것 같다. 영어공부는 왜 계속하려고 하는 걸까?

생각해보니 고등학교 때 영어 선생님을 좋아했었고 그때부터 영어가 좋아졌다. 영어 시간에 갑자기 시를 읊어주시기도 하고 학생들 한명 한명의 이름도 다 외워서 불러 주시는 자상한 선생님이셨다. 선생님께 잘 보이려고 영어에 가장 많은 시간을 들여서 시험 준비를 했다. 그러나 만점은커녕 90점도 받지 못했다. 같은 반에서 전교 1등 하는 친구는 당연히 영어점수도 100점이었다. 심지어 체육점수까지 100점 받는 못하는 게 없는 친구였다. 다른 건 안 부러워도 영어점수만큼은 부러웠다. 짝꿍일 때도 있었지만 나는 열등감에 말도 잘 안 붙이고 쉬는 시간에는 다른 친구들과 어울려 다녔다.

삼십 년 이상 영어공부를 했지만 공인된 영어시험에서 받은 점수는 어중간했고 외국인이 길이라도 물으려 하면 긴장부터 했다. 둘째 아이가 4살 때부터 영어유치원에 보내며 이런 열등감을 이겨보려 했다. 큰아이를 외고에 보낼 생각으로 중학교 2학년 때부터 과외를 시키며 안도감을 느꼈다. 그러나 부모의 열등감으로 보내기 시작한 영어유치원에서 별다른 효과도 못 보고 아이의 영어 거부감만 생겼다. 외고 입학 준비도 결국 실패로 끝났다.

최원호의『열등감 부모』에서는 자신의 열등감을 아이를 통해 해소하려다 오히려 아이에게 열등감을 심어주는 부모를 '열등감 부모'라고 지칭한다. 아이들을 위해 많은 시간을 고민하는 것처럼 보이지만 '진정한 부모의 역할'이 어떤 것인지 알지 못한다. 부모 역할에 서툰 사람들에게 이렇게 말한다.

"부모 자신의 인생 목표를 세워라."

이 과정을 통해 자신감을 회복해야 자신의 에너지를 아이에게 나눠줄 수 있다고 한다.

부모들은 아이의 학원을 알아보고 과외선생님을 알아보느라 많이 바쁘다. 1등만 기억하는 세상에서 1등이 아니라는 것이 부모들을 바쁘게 만든다. 열등감을 극복하려는 의지를 중요하게 생각했던 심리학자 아들러의 이론으로 화제가 되었던 책이 있다. 기시미 이치로의『미움받을 용기』라는 책이다. '이런 내가 싫어. 다른 사람이 되고 싶어'와 같은 생각을 그만두고 남과 비교하지 않을 때 내 삶은 바뀐다고 한다.

남이 별말도 안 했는데 그 말에 의해 위축되고 소심해질 때가 있다. 열등감을 느끼는 부분에 대한 말이 나오기만 해도 그렇게 된다. 이럴 때는 어떤 일을 하더라고 효율적인 결과를 기대할 수 없게 된다. 성장 과정에서 받은 상처들이 열등감으로 나타나고 평생을 그것들로 인해 힘들어하는 사람도 있다.

열등감을 없애고 자신감을 키울 방법이 없을까? 누구나 가지고 있는 열등감을 자신 있게 극복하여 자기 인생에 대처할 수 있을지에 대한 책을 쓴 사람이 있다. 와세다 대학의 가토 다이조 박사는 『열등감을 자신감으로 바꾸는 심리학』에서 이렇게 말한다.

"자신이 처해있는 환경이 자신감을 얻을 만함에도 깨닫지 못하고 살았던 지난날들을 돌이켜 보고 마음의 창을 열 때, 열등감에서 해방되고 자신에게 주어진 삶의 고귀함을 깨닫게 된다."

상대방이 처해있는 환경이 자신의 환경보다 더 좋아 보이는 심리가 열등감을 부른다. 비교하는 삶이 아닌 자신의 고귀함을 찾는 삶을 살아야 하는 이유다.

열등감은 성장 과정에서 부모에게 관심과 배려를 받고 자랐는지 아닌지에 의해 큰 영향을 받는다. 최근 12주 동안 개인심리상담을 받으며 나의 열등감이 언제부터 시작되었는지 알았다. 그리고 그 열등감이 현재의 성격이나 대인관계를 형성하는 패턴을 만들어 냈다는 것도 알게 되었다. '저 사람은 보기만 해도 기분이 안 좋아' 할 때가 있다. 바로 나의 열등감을 부추기는 행동이나 말투 때문이었다. 상담 이후로는 '저 사람은 이유 없이 싫어'가 아닌 '내게 이런 열등감이 있구나' 하고 대수롭지 않게 넘어가기 수월해졌다.

다른 사람의 평가에 자유롭지 못한 사람은 어릴 적 부모에게 충분한 관심이나 사랑을 받지 못한 경우가 많다. 나는 두 살 터울의 남동생에게 엄마의 젖을 빼앗겼던 경험(겨우 두 돌이 지났을 때지만 지금도 생생히 기억난다.) 때문에 누군가의 관심을 받기 위해 평생을 경쟁하며 살게 되었다. 그 열등감이 내 아이를 피곤하게 하지는 않았는지 후회되는 일이 많았다. 나의 열등감 때문에 피곤한 학창시절을 보낸 두 아이에게 진심으로 미안한 마음이 들 정도였다. 아이를 키우며 부모는 중간중간 자신의 열등감이 아이에게 어떤 영향을 미치고 있는지 점검해 봐야 한다.

열등감이 항상 나쁘기만 한 것은 아니다. 열등감을 자신감으로 승화시킨 김기덕 감독은 이렇게 말했다.

"나는 열등감을 먹고 자란 괴물이다."

"열등감이 오기가 되고 인생의 에너지가 되었다."

국제영화제의 최고상인 황금사자상을 받아서 주목을 받은 김기덕 감독은 가난한 가정형편 때문에 초등학교만 겨우 졸업하고 공장에 다녀야 했다. 영화감독이 되기 위한 정규 수업을 한 번도 들어보지 못했다. 그는 자신을 무시하는 주변의 시선에 강한 오기가 생겨 뛰어난 작품들을 만들어 내는 데 성공했다. 그의 영향을 받은 젊은 영화감독들이 많아지고 좋은 평을 받고 있어 더욱 주목을 받고 있다.

열등감을 극복하지 못해서 불행하게 살아갈지, 자신감으로 승화시켜서 행복하게 살아갈지는 자신에게 달려있다. 부모 자신부터 열등감에서 벗어나 자녀에게 좋은 본보기를 주어야 한다.

- 자신의 열등감을 아이를 통해 해소하려다 오히려 열등감만 심어주는 부모를 '열등감 부모'라고 한다. 진정한 부모의 역할에 대해 알지 못하고 서툰 열등감 부모가 할 일은 자신의 인생 목표부터 세우는 것이다.

- 남이 별말도 안 했는데 위축되고 소심해질 때가 있다. 열등감 때문에 어떤 일을 해도 효율적인 결과를 기대할 수 없게 되고 평생 힘들어하게 된다. 비교하는 삶이 아닌 자신의 고귀함을 찾는 삶을 살아야 하는 이유다.

- 아이를 키우며 자신의 열등감이 아이에게 영향을 미치고 있는 건 아닌지 점검해 봐야 한다.

- 열등감은 극복하면 자신감이 된다. 열등감에 휩싸여 불행하게 살지, 자신감으로 승화시켜 행복하게 살지는 자신에게 달려있다.

05

칭찬과 격려가
아이와 부모를
행복하게 만든다

'칭찬받는 아이가 행복한 아이로 자란다'라는 건 누구나 다 알고 있다. 누구나 다 알고 있는 말이지만 실천하기가 쉽지 않다.

내 아이를 행복하게 키우고 있는지에 대해 객관적으로 평가한다면 과락은 아닐까 두렵다. 웃음이 끊이지 않는 아이로 키우고 싶다면서 아이의 웃음을 멈추게 하기도 했다. 아이들은 초등학생이 되면서 웃음이 줄어들게 된다. 바로 '숙제' 때문이다. 숙제할 때가 됐다며 즐겁게 보고 있는 TV를 예고도 없이 갑자기 꺼버려서 아이를 울리곤 했다. 엄마는 아이가 숙제부터 하기를 바랐기 때문이다.

아이들은 학교에서 집에 돌아오면 TV부터 켰다. 좋아하는 만화부터 보고 잠자리에 들기 전에 나의 채근에 못 이겨 겨우 숙제를 했다.

“숙제부터 해야지, 넌 꼭 TV부터 켜더라.” 하며 TV를 끄려고 하면,

“안 돼, 끄지 마. 지금 너무 재미있단 말이야. 엄마는 꼭 제일 재미있을 때 끄더라.”

비난이 쏟아져도 마음을 독하게 먹고 꺼버리면 그때부터 징징거렸다.

야단맞으며 자란 아이는 소극적으로 변하기도 한다. 적극적으로 뭔가를 하지 않게 된다. 싫어도 비난받을 게 두려워서 하기 싫은 일을 하기도 하며, 다른 사람이 틀렸는데도 그것을 지적하지 못하기도 한다. 착한 아이가 되어 겉으로는 문제가 없어 보이지만 남에게 맞추며 사는 행복하지 못한 아이가 될 수도 있다.

한때 사회를 공포에 몰아넣었던 신창원은 절도와 강도를 일삼아 오다 탈옥수가 되기까지 했다. 그 후 교도소에 다시 잡혀 온 그가 쓴 글이다.

“지금 나를 잡으려고 군대까지 동원하고 엄청난 돈을 쓰고 있는데, 내가 초등학교 때 선생님이 ‘너는 참 착한 놈이다’ 하며 머리 한 번 쓸어줬다면 이런 일은 없었을 것이다.”

공부나 예체능을 잘하는 아이를 예뻐하는 사람들의 속성은 여러 곳에서 나타난다. 학교에서, 직장에서, 가정에서까지 나타난다. 그렇지 않은 경우에도 무관심이나 남과의 비교로 아이를 소외시키지는 않았는지 스스로 물어봐야 한다. 우리가 평상시 어떤 반응을 주고받는지 사회 전반적으로 점검해 볼 필요가 있다. 신창원의 사례가 또 나타날 수도 있기 때문이다.

칭찬과 격려를 아끼지 않는 부모에게서 자란 자녀가 성공한 사례는 많다. 앞에서 얘기했던 유명한 성악가 엔리코 카루소의 어머니뿐만 아니라, 일본

최고의 부자로 알려진 재일동포 3세 소프트뱅크 손정의 씨의 아버지 손삼헌 씨는 평소 칭찬을 아끼지 않았다고 한다.

"넌 일본에서 최고가 될 거야. 반드시 위대한 인물이 될 거야."

그는 아버지로부터 칭찬을 받고 자란 환경이 그가 성공 신화를 이루는 데 큰 원동력이 됐다고 말한다. 칭찬의 소중함을 일깨워 주는 일화다.

심리학 용어인 '피그말리온 효과'는 버나드 쇼의 희곡 〈피그말리온〉에서 따온 말이다. 한 대학교수가 말괄량이 아가씨를 숙녀처럼 대했더니 정말로 그렇게 변했다는 내용이다. '피그말리온 효과'는 타인이 나를 격려하고 존중해 주면 그 사람이 기대하는 바에 부응하는 쪽으로 변하려고 노력하여 그렇게 된다는 것을 의미한다.

'리틀맘', 내가 지어준 큰아이의 초등학교 5학년 때 별명이다. 막냇동생이 태어나자마자 어찌나 예뻐하고 잘 돌봐 주는지 기특한 마음이 들어 '리틀맘'이라는 별명을 지어주었다. 아이도 그 별명을 좋아했다. 칭찬을 받고 인정을 받는 게 좋아서인지 기저귀까지 갈아주었고 백일밖에 안 된 동생을 포대기로 업어주기까지 했다. 포대기로 업는 자세가 영락없이 야무진 엄마의 모습이었다.

"끈을 X자로 묶을 줄도 아네? 혼자서 맸니?"

"응, 할머니가 계셨는데, 도와달라고 안 하고 나 혼자 맸어."

"엄마보다 더 잘 맸네. 잘했어. 리틀맘."

칭찬을 받아서 더욱 잘하고 싶었던 아이는 막냇동생이 세 살이 될 때까지 지극정성으로 돌봐주었다. 마흔에 가진 막내를 키우기가 버거웠던 나에게는 커다란 기쁨이었다.

일본의 심리학자 가토 다이조는『격려 속에서 자란 아이가 자신감을 배운다』를 통해 인디언들의 지혜 11가지를 소개했다. 그중 부모가 아이를 키우는 데 꼭 필요한 칭찬에 관해 이렇게 얘기한다.

"칭찬 속에서 자란 아이는 고마움을 배운다."

"기대에 부응할 때만 칭찬하진 마라."

칭찬받을 행동에 대해서도 칭찬을 아끼지 말고, 비록 실수한 순간이더라도 적절한 말로 칭찬할 줄 알아야 한다. 아이들은 잘할 때만 칭찬하면 실수했을 때 의기소침해질 수도 있다. 적절한 칭찬을 통해 아이들을 대범하게 키울 수 있다.

 정리하기

- 야단맞으며 자란 아이는 소극적으로 변한다. 비난받지 않으려고 착한 아이가 되어 겉으로는 문제가 없어 보이지만 자신을 남에게만 맞추려는 행복하지 못한 아이가 될 수도 있다.
- 부모가 아이를 키우는 데 꼭 필요한 것은 칭찬이다. 비록 실수한 순간이라도 적절하게 칭찬할 줄 알아야 한다. 아이는 칭찬을 통해 자신감이 생기고 대범하게 자란다.

엄마도
꿈이 있는
존재다

모 방송에 〈미사고〉라는 TV 프로그램에서 '엄마의 졸업식'이라는 부제로 세 엄마와 자녀들의 이야기가 나왔다. 엄마라는 이름으로만 살아왔으나 자식들에게 듣기 힘들었던 "엄마 사랑해"라는 말을 듣기도 하고 자녀의 편지를 받게 되었다는 내용이다. 아무런 대가를 바라지 않는 자식만을 위한 엄마의 사랑이 다양하게 표출되는 것이 전파를 타며 소개되었다.

결혼을 하고 아이를 낳게 되면 그때부터는 자신의 이름이 아닌 '엄마'라는 이름으로 살아간다. 아이의 삶에 모든 것을 걸다시피 하고 온 마음을 다해 정성으로 자녀를 키워낸다. 그렇게 살아오던 어느 날 자녀로부터 엄마라는 삶을 졸업하고 자신의 삶을 살아보라는 '엄마 졸업장'을 받게 된다. 그러나 한 엄마는 "엄마의 졸업식이 따로 있는 건 아니다", "엄마는 언제까지나 엄마다"라고 하는 말이 가슴에 남았다.

한 아이가 "엄마의 꿈은 뭐에요?"라고 물었다. 아이의 엄마는 어색한 표정이 되었다. 너무나 오랜만에 그런 질문을 받는 듯 어색해 하던 그 엄마는 이어 자신의 꿈을 이야기했다. 음악카페를 운영하고 싶다고 했다. 학창시절엔 학교에서 전교 2등까지 했고 교수가 되고 싶었다고도 했다.

엄마의 꿈은 있다. 그러나 엄마의 꿈보다 앞서는 게 자녀의 꿈이다. 다행히 자녀가 꿈이 있다면 엄마는 그 꿈을 펼칠 수 있도록 돕는 것이 꿈이다. 아직 꿈이 없더라도 꿈이 생길 수 있도록 돕는 것이 꿈일 것이다. 자녀가 꿈인 엄마들이 자녀를 위하여 기울이는 정성은 갸륵해 보일 정도다. 자신의 모든 것보다 우선하는 것은 엄마만이 가능한 일이다. 자식에게 쏟는 사랑은 무엇과도 비교할 수 없다.

간혹 엄마의 꿈을 자녀의 꿈이라 착각하고 굳게 믿는 경우도 있어 유의해야 한다. 내가 원하는 것과 아이가 원하는 것이 일치한다고 착각하며 긴 시간 아이를 힘들게 할 때가 있었다.

큰아이를 외고에 보내려고 준비할 때였다. 먼저 생활기록부에 기록되는 봉사점수부터 챙겼고 독서기록을 위해 아이에게 책을 사주고 읽게 했다. 자기소개서를 잘 쓰게 하려고 외고에 다니고 있는 학생에게 자소서 과외를 받게 했다. 큰아이는 불만이 있었지만 잘 따라와 주었다. 결국 내신 점수가 모자라서 떨어지게 되었다. 그 과정에서 분명히 얻은 게 있었을 거라 믿었다. 고등학교 입학 후 교내 글쓰기 대회에서 항상 입상하는 것을 위안으로 삼곤 했다.

그러나 요즘 내가 책을 쓰면서 사례가 될 만한 것들을 찾으며 새로운 사실을 알게 되었다. 큰아이가 글만 썼다 하면 상을 타오게 된 배경은 자소서 과외가 아니라 초등학교 때의 일기였다. 4학년과 5학년 담임 선생님은 일주일에 세 번 이상 일기를 쓰게 했다. 두 장 이상 쓰길 권했는지 일기 대부분이 두 장 이상이었다. '세상에서 하나뿐인 ○○이의 일기'라는 제목까지 인쇄해서 표지에 붙이게 했고 받침이든지 띄어쓰기든지 틀린 것에 대해 고쳐주지는 않았다. 초등학생의 일기였지만 표현력이 뛰어났다. 나의 선택이 잘못된 것이 아니었음을 바라는 마음이 커서 아이의 글쓰기 대회 입상이 자소서 과외 덕이라 억지로 연관을 지은 것 같다. 실은 외고에 가고 싶었던 건 나였고 아이의 의사를 잘 알아보지도 않은 채 긴 시간 동안 아이를 힘들게 했다.

미국 블라토닉 연구소에서 흥미로운 조사를 진행했다. 이 연구소는 1972년 예일대 경영학 석사과정 졸업생 200명을 대상으로 '목표관리와 성공'에 대한 조사를 했다. 졸업생들 가운데 84%의 학생은 목표를 가지고 있지 않았으며 13%는 목표를 가지고 있으나 그것을 머릿속에 저장했다. 오직 3%의 학생만이 자신의 목표를 글로 써서 관리하고 있었다.

이십 년이 지난 1992년 연구소는 다시 그들을 추적 조사했다. 졸업생 200명의 자산을 조사한 결과 목표가 있었던 13%의 자산은 목표조차 없었던 84%의 두 배였다. 자신의 목표를 글로 써서 관리했던 3%의 자산은 다른 두 집단을 합친 97%의 열 배에 달했다.

그동안 나에게도 꿈이 있다는 것을 모르고 살아왔다. 최근 동기부여와 관련된 수업을 듣게 된 후, 일단 종이에 나의 버킷리스트를 적어 보았다. 다음엔 그것들과 관련된 멋진 그림들도 인터넷 검색사이트에서 찾아보고 인쇄도 했다. 그리고 큰 소리로 한번 읽어 보았다. 신기하게도 나의 꿈들이 생각났고 그 꿈들은 내게 엔도르핀을 만들어 줬다.

이 방법을 통하여 나도 몰랐던 꿈을 찾을 수 있었다. 꿈이 구체적으로 떠올라서 멋진 드림 보드를 만들어 거실에 두고 하루에도 몇 번씩 보고 있다. 이게 바로 시각화, 자기 암시이다. 나의 드림 보드 뒤쪽에 막내 아이는 자신의 꿈을 그려 넣기도 했다. 한쪽엔 엄마의 꿈, 다른 한쪽엔 아이의 꿈이 공존하는 드림 보드는 볼 때마다 기쁨을 주고 있다. 아이에게 동기를 부여하는 가장 가까운 사람은 부모다. 엄마도 꿈이 있다는 것을 아이에게도 적극적으로 알려야 한다. 엄마의 꿈을 들여다보고 공감하면서 아이도 자신의 꿈을 찾고 이루어가는 모습처럼 행복한 풍경은 없을 것이다.

정리하기

- 엄마의 꿈에 앞서는 게 자녀의 꿈이다. 그 꿈을 펼칠 수 있도록 돕는 것이 엄마의 꿈일 것이다. 그러나 간혹 엄마의 꿈을 자녀의 꿈이라 착각하는 경우도 있으므로 유의해야 한다.
- 자신의 꿈을 구체화 시키려면 먼저 종이에 적고 아이와 함께 서로의 꿈을 공감하는 시간을 가져야 한다.
- 엄마도 꿈이 있다는 것을 알리고 꿈을 이뤄가는 모습을 보여라. 아이에게 동기부여가 될 것이다.

엄마의 마음 상태는
아이에게
그대로 전해진다

"애들아. 오늘 이모가 놀러 온단다."

"정말? 야호, 신난다!"

긍정적인 말투로 말하는 사람 곁에는 늘 사람이 모인다. 매사 부정적이고 화를 내는 사람은 아무도 좋아하지 않는다. 상대방을 항상 즐겁게 해서 여행도 함께했으면 하는 사람이 내 곁에도 있다. 긍정적인 여동생은 우리 집에서 가까이 살며 일주일에 한 번씩 왕래하고 있다. 어른들이 좋아하는 사람은 아이들도 좋아하는지 세 아이 모두 내 여동생을 잘 따른다. 왜 이렇게 애들이 따르나 가만히 살펴보니 애들과 놀아줄 때는 노는 데에만 집중했다. 그리고 보니 나는 놀아주면서도 딴생각을 하고 있었다. 못다 한 집안일이나 처리해야 할 사무실 일들 때문에 집중을 못 하고 건성으로 놀아주었던 것 같다. 그걸 느꼈는지 막내딸은 놀아줘도 왜 자기와 안 놀아 주느냐고 한다.

이렇게 내 아이들이 좋아하는 여동생을 한 때는 질투했었다. 두 아이는 물론 엄마 쫄쫄이 막내까지 이모가 엄마였으면 좋겠다고 할 때는 무척 서운해했다. 아이들과 소통할 때는 온 마음을 담아 집중해야 한다. 그래야 아이들에게 좋은 기억으로 오래 남기 때문이다.

사람의 마음은 전염성이 강해서 주변에 있는 사람들에게 그대로 전달이 된다. 가족 중 한 사람의 마음이 불편하면 온 가족의 분위기도 함께 불편해진다. 아이는 함께 있는 시간이 가장 많은 엄마의 영향을 받기가 쉽다. 엄마의 마음을 평온한 상태로 유지해야 아이들의 마음도 건강하게 잘 자라는 것이다.

부모는 아이가 자라는 내내 물가에 내놓은 것처럼 불안해한다. 잘못될까 봐, 제대로 못 키울까 봐 노심초사한다. 첫 아이에게 했던 실수를 둘째, 셋째에게 하지 않으려고 노력하지만 막상 키워보면 세 아이 모두 성격도 상황도 모두 달라서 새로운 불안이 생긴다. 아이들에게 불안한 모습을 보이고 싶지 않아서 하나라도 더 해주려고 한다. 뭐라도 해줘야 덜 불안하기 때문이다. 정작 받는 아이에게는 간섭으로 느껴질 뿐이다.

"제발 상관하지 말고, 내가 알아서 하게 그냥 내버려 둬"라고 하면 노력하고 있는 부모는 섭섭할 뿐이다. 아이는 자신이 원해서 하는 게 아니라 재미도 없고 짜증만 난다.

이와는 반대로 의도적으로 아무것도 안 하는 엄마도 있다. 불안한 현실과 마주할 용기가 없어 아이의 상황을 회피한다. '내버려 두면 아이가 다 알아

서 할 거야'라며 합리화하기도 한다. 이 경우에도 불안한 엄마의 마음 상태
는 아이에게 전해진다. '엄마는 나에게 관심이 없어'라는 마음이 생긴다.

중요한 것은 엄마의 마음 상태는 아이의 마음으로 전해진다는 것이다.

엄마의 사랑만큼은 '100% 순도'라는 것을 확신시켜 주어야 한다. 잠깐의
흔들림으로 포기할 마음이 들 때도 있으나 아이를 사랑하고 있음을 확신시
켜야 한다. 부모가 흔들리지 않아야 아이도 흔들리지 않는다.

직장 일로 힘들었던 날은 집안일로 더욱 몸을 힘들게 하지 말아야 하는
데, 그렇지 못한 상황이 되었을 때는 정말 조심해야 한다. 그런데 나의 스트
레스가 쌓여 아이에게 불똥이 튈 때가 많았다. 쌓인 스트레스를 어떤 날은
아이들에게 풀기도 했다. 방 청소를 안 해서, 공부는 안 하고 스마트폰만 보
고 있어서 자주 혼을 내곤 했다.

"휴대폰은 이제 그만 봐라."

"청소해라."

"밥 먹어라."

"강아지 똥 좀 치워라."

혼내거나 잔소리를 한다고 해서 아이들이 말을 듣지는 않는다. 오히려 내
잔소리에 하려다 안 한 적이 더 많았다. 잔소리하느라 힘 뺄 것이 아니라 모
르는 채 넘어가는 게 스트레스 관리에 더 좋다. 평온한 마음으로 아이들을
키울 수 있도록 노력해야 한다. 엄마의 마음은 그대로 아이들에게 전달되기
때문이다.

- 아이는 함께 있는 시간이 가장 많은 엄마의 영향을 받기 쉽다. 엄마의 마음을 평온한 상태로 유지해야 아이들의 마음도 건강해진다.

- 불안해서 아이를 위해 자꾸 뭔가를 하려는 경우가 있다. 정작 아이는 간섭으로 느낄 뿐이고 노력하는 것을 알아주지 않으니 부모는 섭섭해진다.

- 불안한 현실과 마주할 용기가 없어서 아이의 상황을 회피하는 경우도 있다. 이때 아이는 부모가 자신에게 관심이 없다고 느낀다.

part 4

.....

참고 기다리는 그릇의
부모가 되라

01

혼자서
해볼 수 있는
기회를 제공하라

'온실 속에서 키울 것인가!'

'세상 밖에서 키울 것인가!'

많은 부모들이 고민하고 있다. 분명 자녀를 세상 밖으로 내놓았다고 생각하고 있지만 실은 온실 속에서 내놓지 못하는 경우가 대부분이다. 그러면서 답답해한다. 어디까지가 온실 속이고 세상 밖인지 잘 모르겠다고 한다.

"예술 중학교에서는 학과 공부와 전공 실기를 병행해야 하는데 어머니 대부분은 매니저처럼 쫓아다닌다. 예술을 하는 자녀의 학부모님들은 마인드를 바꿔야 한다."

팝페라 가수 임형주가 케이블 TV에 나와서 예술을 하는 자녀를 둔 학부모들에게 일침을 날렸다. 그 말에 무척 공감되었다.

"아이들을 제발 혼자 보내라. 무대는 어머니와 함께 설 수 없다. 음악가는 혼자 사색할 시간이 필요한데 어머니가 옆에서 잔소리를 하시면 제대로 연주가 안 된다"며 열변을 토했다. 비단 예술을 하는 자녀의 부모들뿐만이 아니다. 학원 차나 버스보다 집에 오는 시간이 단축된다며 매일 학원 앞에서 자가용을 세워놓고 대기하는 부모들은 또 얼마나 많은가!

공부하는 건 아이인데 마치 부모들의 공부인 것처럼 온통 신경이 쓰일 때가 있다. 중학교 때까지 숙제는 물론 준비물까지 챙겨주는 경우도 있다. 틀릴까 봐 불안해서 아니면 아이가 바빠서 등 여러 가지로 이유는 많다. 믿고 맡겨보면 "이런 것도 할 줄 알아?" 할 때도 있다. 혼자서 못하는 것은 그럴 기회가 없었기 때문이다. 이제는 아이 옆에서 바쁘게 움직이는 부모의 손을 잠시 쉬게 해보자. 아이에게 혼자 해볼 수 있는 기회를 줘보자.

얼마 전에 큰아이를 친구끼리 가고 싶다던 오션월드에 보내주었다. 중학교 2학년 때 롯데월드에서 노는 언니들한테 돈을 빼앗긴 일이 있어서 그동안 허락하지 않았다. 그때 돈만 빼앗기고 다른 일은 없어서 속으로는 '오히려 잘됐다. 이번 일을 계기로 다시는 친구끼리 멀리 놀러 다니지 않겠네' 하며 쾌재를 불렀다. 그렇게 중3, 고1은 잘 넘어갔지만 고2나 되었는데 반대할 명분이 없어서 보내주었다. 별 탈 없이 집에 왔고 기말시험 뒤 거한 뒤풀이를 해준 것 같아 은근히 뿌듯했다.

딸 가진 부모들이 다 그런 줄만 알았다. 내가 아이를 과하게 통제하는 부모라는 사실을 최근 개인 상담을 받으며 알게 되었다. 요즘의 부모들은 나처럼 귀가시간을 저녁 9시로 정하지 않는다고 한다. 남자친구랑 같이 있겠다고 한 날은 더욱 귀가시간에 촉각을 곤두세운다. 10분만 늦어도 딸의 남자친구에게 전화를 걸어서 귀가시간이 되었음을 알려주고, 30분 정도 늦는 날에는 화를 내게 된다. 하루는 큰딸이 내게 이렇게 불만을 표출했다.

"엄마가 얼마나 무서우면 ○○이가 내가 엄마랑 통화하는 소리만 들어도 말이 없어져?"

나는 대꾸도 못 하고 속으로 혼잣말을 할 뿐이다.

'너도 결혼해서 딸을 낳아보고 그 아이에게 남자친구가 생기면 내 맘 알 거다.'

딸의 행동반경을 더 좁게 한다는 것을 알면서도 통제가 안 된다. 마치 물가에 내놓은 아이처럼 불안해하는 마음이 들키지 않기를 바랄 뿐이다.

아직도 엄마 눈에 자신이 어린아이로 보이는 것을 느꼈는지 말끝마다 "내가 알아서 할게."라는 말을 입에 달고 다녔다. 그래서인지 아이와 대화가 안 되고 항상 싸움으로 끝나기에 어느 날은 아이에게 말을 하지 말자고 결심한 적도 있다. 그랬더니 아이는 오히려 "내 말 무시하는 거야?"라며 화를 냈다. 아이와 사이가 너무 안 좋아졌을 때는 그 방법이 나을 것 같다 싶었는데 그것도 아니었나 보다. 아이를 무시하는 것처럼 오해를 받아 많이 힘들었다. 내 마음과 아이의 마음이 온전히 일치하기가 이렇게도 어려운 것인지 몰랐다. 아직도 '더 많은 노력을 해야 하는구나' 싶어서 많이 답답했다.

말할 때마다 아이와 부딪혀도 아이와의 소통이 없어지는 것보다는 낫다고 생각하며 다시 입을 열기 시작했다. 아이의 말에 화가 날 때가 많지만 일단은 참고 대답해야 했다. 말꼬리를 물고 늘어지는 통에 말발이 세지 않은 나로서는 난처할 때가 많았다. "상전도 이런 상전이 없네. 넌 뭐가 그렇게 불만이니?" 하고 호통을 치고는 또 후회했다.

부모는 '사랑하는 내 아이를 위해서'라는 말을 내세우고 적진으로 진격하는 장수의 모습처럼 진두지휘하게 된다. 그러나 많은 것을 해주고도 자녀에게 오히려 된소리만 돌아올 때 기운이 빠진다. 아이의 인생에서 부모가 해줄 수 있는 한계점에 다다랐다고 생각하자. 사춘기의 자녀는 모든 것을 할 수 있다. 심지어 경제활동까지 할 수 있다. 중학교 졸업 후 가출을 해서 자수성가한 사업가들도 있다. 겨우 17세의 나이에 가족도 없이 외지에서 기술이나 사업 노하우를 배워가며 30대에 성공한 100억대 자산가도 있다.

사랑하는 내 아이에게 혼자서 해볼 수 있는 기회를 주고 자신감을 얻을 수 있도록 하자.

정리하기

- 자녀를 세상 밖으로 내놓았다고 생각하지만 대부분은 온실 속에서 내놓지 못한다. 아이를 온실 속의 화초처럼 키우지 말고 믿고 맡겨라. 혼자서 못하는 것은 그럴 기회가 없었을 뿐이니 아이 대신 바쁘게 움직이지 말고 혼자 해볼 수 있는 기회를 주자.
- 사춘기가 되면 아이의 인생에서 부모가 해줄 수 있는 한계점까지 간 것이다. 모든 것을 혼자 할 수 있다. 자수성가한 사람들 중 겨우 17세에 독립하여 30대에 크게 성공한 자산가도 있다.

02

아이를 위한
기도로
하루를 시작하라

나의 일상은 항상 바쁘게 돌아간다. 매사를 몰입해서 할 여유가 없다. 저녁밥도 30분 만에 뚝딱 해내야 한다. 한 가지씩 천천히 만든 음식이 맛도 있고 정성도 들어가서 좋기는 하나 남편과 세 아이를 먹이려면 빨리할 수밖에 없었다. 남편은 퇴근 후 집에 돌아오면 왕복 3시간을 전철에서 내내 서 있느라 힘들어서 일단 소파에 앉아서 쉬어야 했다. 혼자서 정신없이 저녁을 차리다 보면 바빠서 큰아이에게 도와 달라 말을 해봐도 꿈쩍도 하기 싫어한다. 요즘 아이들은 차려주는 밥만 먹고 빈 그릇을 개수대에 넣어 놓지도 않으려 한다. 정말 힘들 때는 소리도 치게 되고 짜증이 확 치밀어 오른다. 아이들을 미치도록 사랑한다지만 아이들이 나를 미치게 할 때가 있다. 키우다 보면 인내심도 한계가 있고 기분이 안 좋은 날에는 나도 모르게 버럭 소리를 지를 때가 한두 번이 아니다. 바로 후회를 하고 미안하다는 말로 마무리를 해야 저녁밥을 군소리 없이 다 먹일 수가 있다. 엄마의 아킬레스건은 자녀의 "나 밥 안 먹어"가 아닐까?

나는 아이들에게 "엄마가 잘못했다. 아까는 미안했어"라는 말을 어렵지 않게 한다. 자존심도 없어 보이고 너무 가벼워 보여서 무시당할 때도 있다. 그러면 어떤가. 나는 아이들의 끼니가 더 중요하다. 사과하는 게 뭐 그리 어려운가! 큰 결심이나 해야 사과하기보다는 쉽게 사과하는 자녀들로 키울 것이다. 사과를 해봐야 사과를 받아들일 수 있는 여유도 생긴다. 삶을 진지하기보다 유쾌하게 살아가는 지혜를 주고 싶다. 학교에서 친구와 싸워도 수업 시간에 실수해서 웃음거리가 되어도 대수롭지 않게 넘기는 아이들이 더 건강한 어른으로 자라지 않을까?

자녀를 변화시키는 가장 강력한 힘은 '부모의 기도'라고 한다. 『자녀의 삶에 기도의 울타리를 쳐라』의 마크 베터슨 목사는 "자녀를 키우면서 자녀를 위해 기도의 울타리를 쳐야 한다"라고 말하고 있다. 자녀를 키우는 것은 누구에게나 쉬운 게 아니라고 한다. 자녀에게 해줄 말은 "부탁해", "미안해", "고마워" 이 세 가지뿐이라고 한다. 기도가 최후의 수단이 아니라 최우선 순위가 되어야 한다고 말한다.

대부분 부모들은 자녀를 위한 기도를 "~하게 해주세요", "~가 되게 해주세요"라고 한다. 자녀를 보호하고 싶은 마음이 앞서고 바르게 키우려는 의욕이 넘치기 때문이다. 그러나 "~해주셔서 감사합니다", "~라서 감사합니다"라며 감사하는 기도를 많이 하게 되면 아이들을 기뻐하는 마음으로 보게 되어 감사할 일이 더 많아진다. 아이를 키우는 게 힘든 부모들은 감사기도를 열심히 해야 한다. 자녀가 더는 짐이 아닌 선물처럼 느껴질 것이다.

부모가 자녀에게 줄 수 있는 최고의 선물은 그들이 즐거워하는 것이다. 자녀가 부모에게 감사의 대상인지 짐이라고 느끼고 있는지 스스로에게 묻고 감사기도로 하루를 시작하라.

큰아이가 갑자기 가슴이 답답하고 통증이 있다고 해서 놀란 적이 있다. 응급실에서 검진을 받고 결과를 기다리는 동안은 시간이 멈춘 듯했다. 아무 욕심 없이 아이를 키울 테니 이상이 없다는 결과만 나오게 해달라고 수십 번을 마음속으로 기도했다. 다행히도 아무 이상이 없었다. 아이만 생각하며 간절한 마음으로 기도하니 좋은 결과가 나왔다고 믿었다. 지금도 그 순간만 생각하면 아무리 힘들어도 힘이 난다. 자녀의 건강보다 더 중요한 것은 없다.

기도하는 모습을 아이가 보지는 않았지만 아이는 알고 있다. 본인을 위해 기도하고 있다는 것을. 내가 기도하는 동안 아이는 어느새 자신의 진로를 찾았고 질풍노도의 사춘기 행동은 점점 줄어들었다. 기도를 통해 아이가 많이 좋아졌다고 믿는다. 아이의 사춘기가 힘들 때마다 하는 기도는 내게 힘을 주었다. 요즘은 자주 행복해진다. 아이들을 키우며 가장 힘든 시기를 지나왔고 노련한 부모가 된 것 같았다. 그동안 힘들었던 일들이 이제는 추억이 되었고 잠시 쉴 틈도 생겨 감사한 마음이 든다.

아이를 위한 기도로 하루를 시작하자. 아이는 부모의 기도로 멋진 하루를 보내게 된다. 잔소리하고 싶은 일도 기도로 대신하면 아이에게 부모의 간절한 마음이 그대로 전해질 것이다.

정리하기

- 자녀를 키우는 것은 누구에게나 쉽지 않다. "~해주세요"가 아닌 "~해주셔서 감사합니다"라는 감사의 기도를 하며 키워라. 아이들을 기뻐하는 마음으로 보게 되고 아이가 더는 짐이 아닌 선물처럼 느껴진다.

- 자신을 위해 기도하는 부모를 통해 아이는 긍정적으로 변하고 힘든 시기도 지나가게 된다.

- 아이를 위한 기도로 하루를 시작하라. 부모의 기도로 아이는 멋진 하루를 보내게 된다.

03

아이가
성장하기 위해서는
시간이 필요하다

아이가 초등학교 고학년으로 올라가면서 마음을 다스려야 할 일이 많아진다. 사춘기가 빨리 오는 아이들이 많아서 아차 하면 사춘기 전쟁에서 승자도 패자도 없이 서로에게 상처만 남기게 된다. 부모가 하는 말은 반대로만 하고 눈은 옆으로 흘겨보듯이 뜨며 말하는 아이를 상대하려면 마음공부를 미리 해둬야만 한다. 그렇게 해도 힘들고 지치는 게 사춘기 부모들이다. 부모가 하는 모든 말이 잔소리로 들리기 때문에 자녀에게 평소의 반만 말해야 하고 지시하는 말로 아이의 빈정을 상하게 해서는 안 된다. 궁금한 게 있어도 한 번 더 생각해 봐서 불필요한 것은 질문하지 않는다. 이 정도면 상전도 아주 높은 상전임이 틀림없다. 그러나 보통의 아이들이 사춘기로 인해 변한 것이지 언제까지나 상전은 아니다. 다시 예전의 모습으로 돌아오기를 기다려 주는 게 부모의 역할이다. '가만히 둘 것', '도움을 요청할 때만 도와줄 것' 이 두 가지만 잘하면 된다.

사춘기 아이들은 도가 지나치는 행동을 할 때가 있다. 기사화될 정도로 심각한 일은 아니라도 한두 가지 에피소드는 다 겪어 봤을 것이다. 대드는 아이에게 부모가 화를 참지 못해 손을 들기라도 하면, 손을 막아서며 눈을 치뜨고 쳐다본다든지 방에서 물건을 집어 던지기도 한다. 친척이나 지인들에게 창피해서 말을 못하고 있을 뿐이지 이런 경험을 하는 부모들이 적지 않을 것이다.

새벽 동이 트기 전이 제일 어둡다. 아이가 지금 거슬리는 행동을 하는 것은 부모를 힘들게 하려는 것은 아니다. 그저 스스로 괴로워서 그러는 것일 테니 너무 걱정할 필요가 없다는 것이다. 지나고 보니 충분히 있을 수 있는 일이고 별일이 아니다. 후에 생각 없는 행동에 심각하게 대처했던 것을 후회할 것이다. 그저 지나가는 소나기일 뿐, 심각하게 생각하면 심각한 일이 된다.

청소년기에 접어든 아이가 삐딱하게 나와도 당연하게 받아들여야 매사가 편하다. 당시의 나는 그게 잘되질 않았고 아이는 집에서 해야 할 의무에 대해 많이 부당하다고 느끼고 있었다. 난 직장 일과 가사일 사이에 지쳐서 아이가 가사분담 해주기를 원했다. 중학교 1학년 때부터 집 안 청소와 설거지를 해주기를 원했다. 매주 토요일만 되면 방 청소를 시키려는 나와 끝까지 핑계를 대며 하지 않으려는 아이는 티격태격 크고 작은 실랑이가 일어나곤 했다.

간섭받기 싫어해서 관심도 두지 못할 때가 있다. 그러나 어느 순간 아이는 부모의 무관심을 섭섭해 하고 관심을 받으려 다가오기도 한다. 사춘기는 아이와 함께 부모도 성장한다. 나는 아이와 잘 지내는 방법을 사춘기를 통해 체득했다. 시간이 지나며 서로에게 맞춰가는 모습을 발견하고 놀라워했다. 덩치는 어른만 해도 아이는 아직 부모의 사랑을 필요로 한다. 힘든 시기에도 부모는 아이에게 응원을 멈추지 말고 지켜볼 수 있어야 한다. 그러면 아이는 성장해서 부모에게 보람과 행복을 심어줄 날이 반드시 온다.

사과나무가 자라서 열매를 맺는 데에 3년 정도가 걸린다. 가지들이 굵어져서 열매의 무게를 견딜 수 있을 때 비로소 사과나무에 사과가 열린다. 사과 한 개를 얻기 위한 시간 동안 아이가 성장한다. 한 아이가 성장하려면 3년간의 사춘기를 지나와야 한다. 마음의 키가 훌쩍 커서 부모의 마음을 헤아리는 때에 비로소 어른으로 보인다. 그때 부모가 느끼는 감정은 '이제 세상으로 내보내도 되겠다. 이별 연습을 할 때가 되었다'라는 아쉬움과 뿌듯함이다.

아이가 성장하는 동안 부모도 함께 성장해야 한다. 아이가 어른이 되어 세상으로 나갈 때 자립할 수 있도록 잘 떠나보내야 한다. 있는 모습 그대로 선택한 길을 믿고 존중해 주어야 아이는 잘 떠나갈 수가 있다. 더는 간섭할 권리도 없어지고 부모와 대등한 존재로서 오롯이 본인의 몫은 본인이 책임을 지는 것이다. 아이와 나를 분리하고 독립적인 존재로 인정해야 이 세상 속에서 자신의 존재감을 드러내며 잘 살아갈 수 있게 된다.

부모의 역할이 필요한 시기를 보내고 부모를 졸업하면 자녀는 비로소 부모와 대등한 존재가 된다. 아이가 어른으로 성장하는 데 필요한 시간은 사춘기 3년이다. 내 아이의 중요한 시기인 '사춘기'는 부모가 가장 노력해야 할 때다.

정리하기

- 사춘기에 거슬리는 행동을 하는 것은 부모를 힘들게 하려는 게 아니라 스스로 너무 힘들기 때문이다. 지나고 보면 충분히 있을 수 있는 일이니 심각하게 대처할 일은 아니다.
- 사춘기는 아이와 함께 부모도 성장하는 시기다. 아이와 함께 잘 지내는 방법을 알게 되며 시간이 지나면 서로에게 맞춰가는 모습을 발견하게 된다.
- 어른으로 성장하는 시기를 잘 보내고 부모를 졸업하면 비로소 아이는 부모와 대등한 존재인 어른이 된다. 내 아이의 중요한 시기인 사춘기는 부모가 가장 노력해야 할 때다.

04

내 아이에게
맞는 속도와
때가 있다

아이 셋을 키우다 보니 알게 된 사실이 있다. 아이에게는 각각 맞는 육아법이 있다. 단지 엄마는 그것을 느낌으로 알게 된다. 하나씩 적용해 나가며 아이에게 맞는 것을 찾는 순간 부모는 성장한다. 내 아이에게 맞는 육아가 있고 교육이 있고 선생님이 있다. 그것을 빨리 알아내는 게 엄마의 중요한 역할이다.

내 아이를 키우며 시행착오를 줄이려면 아이를 잘 관찰하고 특성을 찾아낸 뒤 각각의 맞춤형 처방을 내려야 한다. 세 아이는 각각 기질도 다르고 행동 양상도 달라서 큰아이를 통해 둘째 아이를 이해할 수는 없었다. 사춘기의 끝에 있는 아이와 사춘기의 정점에 와있는 아이는 사춘기를 대하는 태도도 다르다. 말이 없어지고 생각에 잠기며 진지한 아이가 있는가 하면, 예민해지고 감정의 기복이 심한 아이도 있다. 둘 중 어떤 게 겪어내기 쉬운지 확신하기는 어렵지만 진지한 사춘기를 보내는 아이를 가볍게 대해서는 안 된다.

큰아이는 5살부터 방을 따로 쓰게 해주었다. 부모의 관심을 한몸에 받고 있는 동생과 함께 자는 것보다 낮에 사랑을 듬뿍 주고 밤에 혼자 자게 하는 게 낫겠다 싶었다. 이른 나이에 방을 혼자 쓰게 했더니 큰아이는 자신만의 공간과 시간을 중요하게 생각했다. 사춘기에 들어서서 노크 없이 방에 들어가는 것을 유난히 싫어했다. 성격이 급한 나는 노크 후 2초 후에 들어가는 습관을 들이기 위해서 많은 시간과 인내심이 필요했다. 하지만 아이는 자신만의 공간에서 심리적으로 안정을 느끼는 것 같았고 서로의 영역을 존중하는 태도를 기를 수 있었다.

막내는 지금 9살이지만 아직도 부모와 방을 함께 쓰고 있다. 언니들과 터울이 10살, 8살씩 나서 부모의 사랑과 관심을 밤낮으로 받고 있지만 방을 혼자 쓰게 하진 않고 있다. 7살이 된 지 얼마 안 되어서 부모와 따로 쓰게 해보았으나 아침에는 항상 내 옆에서 자고 있었다. 아이마다 성장 속도가 다르고 성장하는 시기도 다르니 자녀를 이해하는 눈높이도 달라야 한다. 막내는 밤에도 부모와 함께 있어야 행복해하니 좀 더 유예기간을 줘야 할 것 같다.

아이를 가장 잘 아는 것은 부모일 것이다. 아이가 자신의 잠재력을 최대로 발휘할 수 있도록 그때를 알아내고 옆에서 지켜보는 것은 부모가 할 수 있는 최고의 선물이다. 학업에도 내 아이에게 맞는 속도와 때가 있다. 아이가 커가면서 욕심이 생기는 부모는 내 아이가 다른 아이들보다 "공부를 잘했으면 좋겠다", "좋은 대학에 갔으면 좋겠다", "남들의 인정을 받는 직업을 가졌으면 좋겠다"라는 말을 입에 달고 산다. 그러나 키워보면 알 것이다. 부모가 원하는 것보다 아이가 원하는 것을 하게 하는 것이 정답이다.

세계적인 발레리나 강수진은 중학교에 가서야 발레를 시작했다. 그러다 발레의 매력에 흠뻑 빠지게 되어 매일 최선을 다해 연습에 몰두했다. 그 결과 1년 6개월 만에 이화여대 주최로 열린 발레 콩쿠르에서 최우수상을 받을 정도의 실력을 갖추게 되었다. 1986년에는 슈투트가르트 발레단 최연소 단원으로 입단했고, 1999년에는 '브노아 드 라 당스'라는 최고 여성무용가 상을 수상하였다. 늦게 발레를 시작했어도 토슈즈를 하루에 4개씩 갈아 신을 만큼 지독한 연습을 한 덕분에 발레 천재라는 소리를 듣고 있다.

많은 부모들이 조기교육에 관심을 갖고 있다. 남보다 빨리 시작해서 우위에 서게 하고 싶은 부모의 마음이 조기교육의 바람을 불게 했다. 그러나 조기교육은 아이에게 부담만 줄 뿐이다. 적기교육을 따라가기에도 바빠서 놀 시간이 없다. 요즘에는 놀이터에서 노는 아이들을 보기가 힘들다. 놀아야 할 나이에 못 놀고 어른이 되어가는 '상실의 시대'에서 자라는 아이들이 가끔은 걱정스럽다.

십 대들이 놀고 있는 것을 보면 공부 안 하고 노는 아이로 오해하는 세상이다. 심지어 십 대들조차 "공부할 시간도 없는 데 놀 시간이 어디 있어요?"라고 말한다. 잘 노는 아이는 창의력도 뛰어나다고 한다. 창의력이 뛰어나야 문제 해결 능력도 뛰어나다. 부모들은 창의성을 높여주는 교육에 열광한다. 하지만 검증도 되지 않은 창의력 교육 학원을 선호할 것이 아니라 놀 수 있는 시간과 여건을 마련해 주는 것이 좋다. 놀면 안 된다는 인식이 아이들을 공부 속으로만 몰아가고 있다. 시간이 있어도 잘 놀 줄 모르는 아이들이 많다.

노는 게 창의력을 키워준다는 연구결과가 많이 있다. 21세기가 원하는 창의력 있는 인재로 키우기 위해서 더 늦기 전에 십 대에 놀게 해야 한다. 재미있는 것을 하는 게 노력하는 것보다 중요하다고 하는 사람이 있다. 『노력금지』라는 책을 쓰고 "재미있는 게 이기는 거다"라며 1999년 뉴욕에서 'GameLab'을 창업 후 이십 년간 게임회사와 게임 학교로 파란을 일으킨 피터 리이다. 진짜 재미있는 일을 하고 있다면 노력이라는 말이 무색해지는 순간이 온다고 했다.

자신의 어린 시절엔 참을성이 많이 부족했다고 한다. 공부하기 싫어했고 만화책만 보고 오락실에만 들락날락하는 문제아였다고 한다. 그러나 피터 리의 부모는 학창시절 한 번도 그를 한심하게 바라보지 않았다. 공부하라는 말 대신 "네가 행복해 질 수 있는 일을 하라"라고 했다.

그는 우연히도 단순한 컴퓨터 게임을 알게 되며 머리끝까지 찌릿한 순간을 맞이했다고 한다. 그 후 컴퓨터 게임 개발에 몰두했고 2005년에 〈다이너대시〉라는 게임 개발 후 미국 시장에서 1등을 하기도 했다. 아이에게 맞는 적성을 찾을 수 있도록 기다려 주고 응원해 주는 게 얼마나 중요한지 보여주는 사례다.

모든 아이는 성공할 수 있는 때가 있다. 그때를 기다려 줄 수 있는 부모가 되어야 한다.

- 아이에게 맞는 육아법을 알아내는 게 엄마의 역할이다. 시행착오를 줄이려면 아이를 잘 관찰해서 특성을 찾아내고 각각의 맞춤형 처방을 내려야 한다.

- 놀면 안 된다는 인식이 아이들을 공부 속으로만 몰아가고 있다. 아이들에게 놀 시간과 여건을 주어야 한다. 노는 게 창의력을 키워준다는 연구결과가 많다.

- 공부하라는 말 대신 "행복해지는 일을 하라"라고 말하라. 아이에게 맞는 적성을 찾을 수 있도록 기다려주고 응원해 주자. 모든 아이는 성공할 수 있는 때가 있는데 그때까지 기다려 줘야 한다.

부모의 행동이 열등한 아이를 만든다

자녀를 사랑하지 않는 부모는 없다. 다만 사랑하는 방식에서 아이를 곤란하게 만든다. 아이에게 좋은지 나쁜지도 모른 채 행동하다 보면 문제가 나타날 때가 있다. 자녀에 대한 사랑이 잘 전달되는지를 확인해 볼 필요가 있다.

큰딸이 중학교 2학년 말에, 친구들과 ○○월드를 다녀온다고 하는 것을 한마디로 안 된다고 한 적이 있다. 그동안 한 번도 사는 지역을 벗어나 친구들끼리만 놀러 간다고 하는 것을 허락한 적이 없었기 때문이었다. 그날 저녁부터 "친구들은 다 허락을 받았는데 나만 왜 안돼?", "엄마 때문에 혼자서는 전철도 탈 줄 몰라" 등등 갖은 비난을 쏟아놓았다.

"전철 타는 법 알려줄게. 토요일에 서울 갈래?"

"뭐? 누가 전철 타는 법 알려 달래? 그런 건 친구랑 해도 돼."

아이의 지속되는 이의제기에 결국 허락을 했고 친구들과 다녀오게 했다.

나이에 맞게 집 밖에서 경험해야 할 것들을 쓸데없는 걱정 때문에 못하게 했더니 전철 하나 타려 해도 친구랑 같이 타야 하는 웃지 못할 일이 일어나고 있다. 그동안 다른 집 아이들은 어떻게 자라는지 모르고 살았다. 내 아이만 바라보고 내 기준으로만 키웠다. 이런 얘기를 하면 다른 집 엄마들은 놀라곤 한다. 왜 그렇게까지 끼고 사냐고. 최근에야 내가 아이를 과보호하는 부모라는 것을 깨달았다. 열등한 아이는 없다. 부모의 과보호가 열등한 아이로 만드는 것이다.

아이의 담임 선생님에게 들은 얘기다. 체육대회에서 피구를 할 때 같은 반 남자아이가 실수해서 상대편에 지고 있을 때 아이가 나서서 "괜찮아, 쫄지 마. 잘할 수 있어!"라며 반 전체의 응원을 유도했다. 그 덕에 경기에서 이길 수 있었다며 담임은 아이의 행동에 대해 칭찬했다.

다리를 다쳐서 목발을 짚고 다니는 친구가 있었다. 가방을 들어다 주려고 아이는 한 달 동안 아침마다 그 친구 집에 들렀다. 몸이 불편한 친구를 학교생활에 불평 없이 도와주는 법에 대해 몸소 체득하고 실천한 것이다. 엄마가 없는 밖에서는 이렇게 우수한 아이로 잘 자라고 있었다.

큰아이의 장래희망이 국제구호활동가가 되어 굶주림에 고통받는 아이들을 돌봐주는 것이라고 한다. 중학교 2학년 말쯤이었다. TV에서 션과 이혜영 부부가 아프리카의 아이를 안고 눈물을 흘리는 장면을 보고 자신도 그런 일을 하는 사람이 되고 싶었다고 한다. 그러나 나는 아이들끼리만 가는 게 위험하다며 ○○월드에도 못 가게 했다. 아이의 꿈은 밖으로 향하고 있는데 부모인 나는 집에만 있으라고 했다.

학교의 RCY 봉사동아리에서 꾸준히 활동하며 각종 캠프마다 참여하는 모습을 보면 과보호한 후유증인 것 같다. 집 밖으로 나가는 걸 반대하는 부모에게 얼마나 답답함을 느꼈으면 그랬나 싶다. 아이가 더 성장할 수도 있었을 텐데 불필요한 과보호로 그 기회를 막았던 것은 아닌지 후회가 된다.

정리하기

- 내 아이만 바라보고 편협한 기준으로 키우는 과보호 부모가 되지 말아야 한다. 과보호가 나이에 맞지 않는 열등한 아이로 만든다.
- 엄마가 없는 집 밖에서 더 잘하는 게 아이들이다. 걱정은 내려놓고 아이의 성장을 위해 밖으로 내보내라.

06

아이를 믿고 기다려주는 부모가 되라

"너는 왜 그러니?"

아이를 키우다 보면 이런 말을 할 때도 있다. 아이가 어릴 때는 무심코 하기도 하고, 하고 나서는 '아차' 하고 후회하기도 한다. 어리다고 안 듣는 것 같아도 다 듣고 있다는 것을 잊지 말아야 한다.

아이가 열 살 이상이 되면 "너는 왜 그러니?"라고 해도 "나 원래 그래.", "내가 뭐 어때서?" 하고 맞받아친다. 이미 자존감이 형성되어 있는 아이는 부모의 그릇된 말과 행동에 크게 영향을 받지 않겠지만 부모의 영향을 받기 쉬운 유아기에는 정말 조심해야 한다. "요즘은 미운 일곱 살이 아니라, 미운 여섯 살이래"라는 말로 아이의 마음에 상처를 입혔던 적도 많다. 그 나이에 맞게 하는 말과 행동인데 인정하지 못했던 것은 아닌지 반성해본다. 자존감을 키워주려면 부모는 아이를 있는 그대로 인정하고 사랑해야 한다. 그래야 아이도 자신을 사랑하게 되고 주위 사람들도 챙길 줄 아는 아이로 자라게 된다.

"우리 아이는 너무 산만해요."

"공부에 의욕이 없어요."

"머리는 좋은데 공부를 안 해요."

"끈기가 없어요."

부모들은 대개 아이들에 대해 이런 말들을 한다. 자녀에 대한 규정을 짓는 것은 종종 문제가 된다. 부모가 아이를 볼 때 자신의 경험으로 유추하는 경우가 많다. 그 차이를 메우기 위해서 대화가 필요하다. 아이에게 느끼고 생각하는 것을 물어볼 필요가 있다. 하지만 추궁하는 대화가 되지 않도록 주의해야 한다. 아이가 부모를 믿고 있어야 솔직하게 이야기한다.

인터넷 상담 사이트에서 본 사례다. 엄마는 초등학교 6학년 여자아이에 대해 "자기가 좋아하는 과목은 열심히 하지만 하기 싫은 과목을 할 때는 5분을 못 버팁니다"라고 설명한다. 아이가 산만하니까 치료가 필요한지 걱정하고 있었다. 그러나 학생의 주의력을 검사해 보니 문제가 없어 모녀가 놀라며 기뻐했다고 한다. 엄마의 조심성 없는 판단에 아이 자신도 주의력 결핍으로 생각했었다는 내용이었다.

부모가 아이를 볼 때 한 단면만 보고 자신의 경험으로 유추하는 경우가 많다. 부모가 아이를 키울 때 특히 조심해야 할 부분이다. 부모의 욕심과 조바심을 버리고 아이와 같은 눈높이로 아이를 바라봐 줄 때 비로소 좋은 부모가 된다. 예측할 수 없는 아이의 행동들에 무너져 내릴 때도 분명히 있다. 그러나 아이를 믿고 기다려주면 된다. 시간이 걸려도 아이는 목적지로 간다. 많은 부모들이 재촉하는 바람에 엉뚱한 곳에 다다르기도 한다.

불행한 어린 시절을 보낸 아이는 어른이 되어서도 불행한 인생을 살게 된다. 지금 내 아이가 어른이 되기 싫어한다면 현재를 불행하게 보내고 있다는 것이다. 아이에게 당장 공부로 인한 스트레스가 가중되지 않더라도 부모의 욕심 때문에 아이가 힘들어하고 있는 것은 아닌지 살펴봐야 한다. 교육자 프리드리히 프뢰벨은 이렇게 말했다.

"피곤해서 더 놀 수 없을 때까지 마음껏 그리고 끈기 있게 노는 아이는 결단력이 있고 자신과 다른 사람의 행복을 위해 자신을 희생할 줄 아는 어른이 될 것이다."

부모들은 아이들이 운동장에서 오래 놀면 성적이 떨어질까 두려워 학원에 보내고 만다. 아이를 놀게 하고 싶어도 운동장에서 노는 아이들은 부모가 내버려두는 아이들이 아닐까 의심의 눈초리로 보는 세상이다. 프뢰벨의 지혜로운 말에 귀를 닫을 수밖에 없는 현실이다.

그러나 성적이 떨어질까 지레짐작으로 학원으로 몰아가고 있지는 않은지 생각해 볼 필요가 있다. 아이들이 지금 놀고 있다면 그대로 놔두자. 믿고 기다리면 아이는 스스로 찾아 공부도 하고 자신의 진로를 찾아보기도 한다. 믿는 만큼 아이도 느끼고 부모를 잘 따라온다. 자신을 못 믿는다는 느낌을 받을 때 아이들은 반발심으로 부모의 기대를 저버리고 자기 뜻과 반대되는 행동을 한다.

아이들은 부모가 믿는 만큼 자란다. 아이들은 부모의 믿음을 바라고 기대
한다.

정리하기

- 아이를 있는 그대로 인정하고 사랑하라. 자존감이 커지면서 자신도 사랑할 줄 알고 주위 사람
  들도 챙겨주는 아이로 자라게 된다.
- 아이의 한 면만 보고 자신의 경험으로 유추하는 경우가 많다. 조심성 없이 자녀에 대한 규정을
  지어 문제를 만들기도 한다. 충분한 대화를 나눠보고 주변의 조언도 받아가며 판단을 내려야
  한다.
- 자신을 못 믿는다는 느낌을 받을 때 부모의 기대를 저버리고 자기 뜻과 반대되는 행동을 하기
  도 한다. 믿는 만큼 아이도 느끼고 부모를 잘 따라온다.

07

'좋은 엄마'를
포기하면
'행복한 엄마'가 된다

대한민국에서 좋은 엄마를 찾기는 쉽지만 행복한 엄마는 과연 몇이나 될까? 맹모처럼 해야 좋은 엄마가 되는 것이고 그것만이 삶의 목표인 엄마들은 자신의 아이를 있는 그대로 보지 못하게 된다. 아이가 뒤처질까 불안해하고 남들이 자녀교육에 신경 쓰지 않는 엄마로 볼까 두려워한다. 이런 엄마의 자녀들은 초등학교 저학년까지 시키는 대로 잘 따라오다가 초등학교 4~5학년이 될 무렵부터 달라진다. 엄마의 행동에 의구심을 갖고 불평을 쏟아 놓기 시작하는데 이것은 부모로서의 가치관이 흔들리게 하고 우울감에 빠지게 한다.

나는 2006년도에 3년간 육아휴직을 신청했다. 그 당시 1년간의 육아휴직도 일반적이지 않아서 동료 공무원들은 일단 1년만 신청하고 추가로 더 내라는 권유를 했다. 그러나 셋째 아이를 임신하게 되어 이제는 마지막이니 직접 키워보려는 의지가 강했다. '3년간 신청한 후 일찍 복직하면 되겠지!' 하는 마음으로 귀담아듣지도 않았다. 위로 두 아이는 내 여동생과 육아도우미에게 맡겨서 아이 키우는 게 얼마나 힘든지 잘 모르고 있었기에 과감하게 결정했었다. 3년이라는 장기간의 휴직을 신청하니 세월 아까운 줄 몰랐다. 육아계획도 없이 황금 같은 육아휴직은 시작되었다. 동료들 말처럼 1년만 냈더라면 구체적인 육아계획을 세우고 제대로 육아를 할 수 있었을까? 아마 그다지 잘해냈을 것 같지는 않다. 1년이 조금 넘어서 육아가 굉장한 노력과 인내 없이는 쉽지 않다는 것을 알았다. 그러다 육아의 양보다는 질이 중요하다는 내용을 책에서 보게 되었다. 24시간 아이를 돌보며 고군분투하다 보니 양보다 질이라는 글은 마치 성경의 한 구절처럼 와 닿았다. 4시간만 아이를 어린이집에 보내고 도서관에 다니며 책을 많이 읽었다. 그 당시 유행하던 영어 스토리텔링을 배우기도 했다. 4시간은 육아에서 벗어나 재충전했고 나머지 시간 동안 육아에 전념할 수 있었다.

 좋은 엄마로 보이고자 하는 사람은 학교나 학원가를 기웃거린다. 그래야 자녀교육에 대한 정보를 하나라도 주워듣는 게 있어 뿌듯해 한다. 그런데 문제는 그 정보가 낚시성일 수도 있다는 것과 편협한 시선으로 본 가치가 없는 정보일 수도 있다는 것이다. 눈과 귀를 평소보다 크게 하고 돌아다니다 보면 유입되는 정보는 많지만 걸러지지 않는 정보까지 그대로 흡수하는 부작용이 나타난다. 큰아이가 초등학교 5학년일 때부터 학원가를 돌아다니며 과목별 수업을 하는 소형 학원이나 전 과목 수업을 하는 대형 학원의 장점만을 보려고 노력했다. 능력 있는 선생님들에게 배우며 성적도 오르고 동기부여도 받아서 공부가 즐거워지기를 바랐다. 우리나라에서 '좋은 엄마 콤플렉스'는 뿌리가 깊다. 긍정적으로 작용하면 자녀를 따뜻하게 돌보아 건강한 어른으로 성장하게 할 수 있는 에너지가 되지만, 부정적으로 작용하면 자녀에게 "이게 다 너를 위해서야", "내가 너한테 해준 게 얼만데"라며 희생했음을 세뇌시킨다. 아이의 자립심이 결여되고 부담감만 주게 된다.

큰아이가 중학교에 입학하던 날은 지금도 생생하게 기억한다. 입학식에 최대한 차려입고 가서 줄을 맞춰 서 있는 아이들 중에 큰아이를 찾기 위해 자라목을 하며 두리번거렸다. 교복을 단정하게 입은 큰아이가 줄 앞쪽에 서 있는 것을 먼저 발견하고 환호성을 질러댔다. 바른 자세로 선생님의 말씀을 경청하고 있는 의젓한 모습에 흥분을 감출 수가 없었고 눈물까지 글썽였다. 부모는 이기적인 바보라는데 나도 딱 그랬다. 그때부터 특별한 내 아이를 위해 발 벗고 나서자 마음먹었다. 학교에서 영향력 있는 부모가 되고 싶어서 학부모위원이 되기도 했다. 사교육을 시키느라 들인 돈도 엄청났다. 생활기록부의 특기란에 적을 악기를 배우게 하려고 학원은 물론이고 성당 청소년교향악단에서 활동하게도 했다.

내 아이가 특별한 존재로 느껴져서 '특별하게 키워야 한다'는 오만함이 생기기 전에 부모교육부터 받았더라면 시행착오가 적었을까? 내 안에 있는 '덜 자란 자아'로 인해 '덜 익은 부모'가 우세해진 것 같다. 혹시 자녀에게 바라는 게 있다면 부모인 내가 되고자 하는 건 아니었는지 점검해 봐야 한다. 자녀교육이 자녀를 위한 게 아니라 부모 자신을 위한 건 아닌지 냉정하게 분석하고 주변의 도움을 요청하는 것도 필요하다. 넘쳐나는 자녀교육에 대한 정보 속에서 중심을 잡고자 한다면 관련 책이나 전문가에게서 조언을 구해야 한다. 그 후에는 아이와의 건강한 상호작용을 통해 하고자 하는 것과 되고자 하는 것이 무엇인지를 파악한다. 남들이 다 한다고 따라 하는 무분별한 사교육 등을 시키느라 아이와 무의미한 힘겨루기를 하거나 아이 고유의 능력을 망가뜨리는 우를 범하지 말아야 한다.

'좋은 엄마'가 되려고 하지 말자. '행복한 엄마'가 되는 게 훨씬 이득이다. 아이들은 엄마의 사랑을 먹고 자란다. 행복한 엄마가 되어 사랑을 듬뿍 주고도 고갈되지 않는 오아시스가 되자. 부모는 자녀의 거울이라고 하지 않던가. 자녀를 행복하게 만들기 위해서는 행복한 엄마가 되는 게 우선이다. 이런 엄마의 자녀들은 모든 게 놀이처럼 쉽다. 학교 가는 것을 즐거워하고 공부하는 게 재미있다. 부푼 기대감으로 수업에 참여하는 내 아이를 바라보는 엄마는 저절로 행복해진다.

'좋은 엄마 되기'를 포기하면서 아이들이 긍정적으로 변하고 있음을 느낀다. 공부하려고 하는 아이에게 "공부하고 있니?" 하며 방문을 열어대는 엄마에게 반감을 안 가질 수 없을 것이다. 이제는 내 아이를 내 마음대로 하려고 하지 말자. 아이들의 감정도 어른들과 똑같다는 것을 인식하고 간섭은 오히려 독이 된다는 것을 알아야 한다. 간섭할 시간에 하고 싶은 것을 찾아보고 그 일에 몰두하면 아이는 스스로 할 일을 처리하게 된다.

아이에 대한 관심을 줄이고 나 자신에게 집중하면서 새로운 사실을 알았다. 조금 떨어져 바라보니 그동안 안 보이던 아이의 강점이 보였다. 큰아이에게는 리더십이 있었다. 그 좋은 점을 이용하여 학교생활을 잘 해내고 있었다. 이제야 부모가 자녀에게 할 일이 무엇인지 알 것 같다. 큰아이의 시행착오를 다른 아이들에게는 겪지 않게 할 것이다. 좋은 엄마를 포기하고 행복한 엄마가 되어 행복한 자녀로 키울 것이다.

- 학교나 학원가를 기웃거리며 자녀교육에 대한 정보를 주워들어야 만족하는 사람들이 조심해야 할 것은 낚시성 정보와 편협한 시선으로 보는 가치가 없는 정보들이다.
- 우리나라에서 '좋은 엄마 콤플렉스'는 뿌리가 깊다. 긍정적이기보다는 부정적으로 작용하게 되어 자립심을 결여시키고 부담만 준다. 이 콤플렉스에 빠진 사람들은 한시라도 빨리 벗어나야 아이가 시행착오를 덜 겪는다.
- 남들이 다 한다고 따라 하는 무분별한 사교육으로 아이와 힘겨루기를 하거나 고유의 능력이 반감되는 우를 범하지 말자.
- 행복한 부모가 되어 자녀를 행복하게 하라. 학교가 즐거워지고 공부하는 게 재미있어질 것이다.

08

아이는
부모가 믿는 만큼
자란다

'코이'라는 물고기가 있다. 이 물고기는 담는 그릇의 크기에 따라 자라난다. 어항에서 자라면 어항 크기에 맞게 작게 자라고 강물에서 키우면 강물에 맞게 아주 크게 자란다. 코이의 가능성을 볼 수 있는 사람은 큰 그릇에 담아서 크게 키울 것이다. 믿는 만큼 자라는 게 아이들이다. 큰 세상에서 크게 자라도록 자녀를 믿고 부모의 작은 품에서 떠나보낼 준비를 해야 한다.

『믿는 만큼 자라는 아이들』의 저자인 박혜란은 가수 이적의 엄마다. 그녀는 자식들이 잘할 거라는 믿음이 강했다. 39살 늦깎이로 여성학을 공부하러 고3이었던 이적을 두고 중국으로 갔다. 사실 아이들이 잘할 거라는 그간의 믿음이 있었기 때문일 것이다.

그녀는 아이들을 키울 생각 말고 자기 자신을 키우면서 자라는 아이들을 그저 따뜻한 눈으로 바라보라고 한다. 또한, 아이를 부모의 뜻대로 키우지 말고 아이의 뜻대로 자라게 하라고 말한다.

부모의 믿음이 얼마나 중요한지 세계적으로 유명한 오프라 윈프리의 어린 시절을 보면 알 수 있다. 오프라 윈프리는 불우한 가정환경에서 자랐다. 가출과 비행을 밥 먹듯이 했고 결국 알코올 중독자가 되었다. 아무도 그녀가 정상적으로 살 수 있을 것이라 생각하지 못했다. 그러나 독실한 기독교 신자인 계부의 양육을 받게 되면서 변하기 시작했다. 계부였지만 오프라 윈프리의 가능성과 됨됨이를 믿고 지극 정성으로 키웠다.

그때부터 그녀는 하루도 빼먹지 않고 책을 읽으며 공부를 했다. 그녀는 훌륭하게 자라 현재 전 세계 젊은이들이 가장 닮고 싶은 유명인사로 손꼽히고 있다. 믿음으로 자녀를 키우는 것이 얼마나 중요한지 깨닫게 되는 이야기다.

사춘기의 아이들은 롤모델이 생기면 그 사람처럼 되기 위해 롤모델이 걸어왔던 과정을 그대로 답습한다. 롤모델이 있는 아이와 없는 아이는 시간이 지날수록 그 차이가 커진다. 롤모델을 통해 인생의 목적과 성취동기뿐만 아니라 자신의 꿈을 향해 나아가는 길을 발견하기 때문이다. 자신이 꿈꾸는 성공을 이룬 롤모델이 있어야 즐겁게 공부할 수 있는 법이다.

몸이 불편한 친구들이나 고민이 있는 친구들에게 배려심이 커서 친구들이 잘 따르는 큰아이는 중학교 2학년 때 한비야의 저서『바람의 딸 걸어서 지구 세 바퀴 반』을 읽고 국제구호활동가가 되겠다는 꿈을 갖게 되었다. 이후 학교에서 꾸준히 봉사와 관련된 일로 활동했다. 고등학교에 들어가서는 심폐소생술대회에서 입상을 했고 지체장애인이 입소해 생활하는 곳에서 3년 동안 정기적으로 봉사활동을 하고 있다. RCY 봉사동아리 활동을 통해서 봉사에 대한 구체적인 방법을 배우며 그녀의 발자취를 좇고 있다.

아이의 행동에 믿음직한 면이 있어서 이제는 내신 성적이나 모의고사 점수에 연연해 하지 않는다. 일찌감치 진로를 정하고 관련된 일들을 개척해 나가고 있어서 마음을 놓고 있다. 직장 일과 자기계발로 바쁜 나는 가족들의 끼니조차 제대로 못 해주고 있지만 간섭이나 잔소리가 확실히 줄어들었고 믿고 응원하는 마음은 더욱 커지고 있다. 무엇을 하든지 "잘했어", "넌 잘할 수 있어", "네가 제일이야"라는 말로 하루를 마무리하고 있다. 아이를 믿고 지켜만 보는 부모가 되려고 노력하고 있다.

부모는 아이가 어떤 것에 관심이 있고 소질이 있는지 바라볼 수 있는 여유를 가져야 한다. 그리고 관심의 대상을 자주 보여주기만 하면 된다. 더 필요한 것은 없다. 그저 믿고 기다려주기만 하면 된다. 믿음직스럽지 못한 때도 믿어주고 어리석어 보일 때도 품고 기다려 줘야 한다.

- 담는 그릇의 크기에 맞게 자라는 '코이'라는 물고기가 있다. 어항에서 자라면 어항의 크기에 맞게 자라고, 강물에서 키우면 아주 크게 자란다. 아이가 큰 세상에서 자랄 수 있도록 부모의 작은 품에서 떠나보낼 준비를 하라.

- 믿는 만큼 아이는 자란다. 잘할 거라는 믿음으로 아이들을 키울 생각 말고 자기 자신을 키우며 따뜻한 눈으로 바라보면 된다.

- 부모는 아이가 어떤 것에 관심이 있고 소질이 있는지 바라볼 수 있는 여유와 관심의 대상에 자주 드러내 주는 센스만 있으면 된다. 그 외에 필요한 것은 없다. 그저 믿고 기다려 주기만 하면 된다.

part 5

·····

어렵지 않은 십 대는 없다

01

일관된
양육 원칙과
기준을 가져라

한때 남편과 나는 바쁘다는 핑계로 아이들 버릇이 나빠져도 방관만 하고 있었다. 서로 아이에게 다른 메시지를 주고 있었다. 그래서 부모 중 한 쪽에게 허락받지 못한 일이 있으면 다른 부모에게 허락을 받아내곤 했다. 일단 부부는 서로 한편이 되어야 했는데 상황을 확인도 안 하고 혼자만의 판단으로 아이의 일을 결정해 버렸다. 하루는 큰아이가 허락도 없이 학원에 빠진 적이 있었다.

"엄마가 안 된다고 했지!"

"아빠가 허락했단 말이야." 하고 맞받아쳤다.

"엄마가 안 된다고 했는데, 그 말을 안 했겠지."

"내가 그 말을 왜 해야 하는데?"

화가 나서 그날 아이를 심하게 다그쳤다. 결국 부부싸움까지 하게 되었고 일이 더욱 커져 버렸다.

기분이 좋을 때는 그냥 넘어갈 일을 기분이 나쁘면 야단을 치게 된다. 이렇게 일관성 없이 행동할 때, 아이를 키우면서 가장 죄책감을 느끼게 된다. 문제는 너무 자주 이런 일이 반복된다는 것이다. 감정에 의해 양육태도가 달라지면 아이는 금방 눈치챈다. 부모가 화를 내는 것이 기분이 안 좋아서 그런다는 것을 알게 되면 잘못한 일에 대해서 반성하기보다는 운이 없다고 생각한다. 그렇게 몇 번을 반복하게 되면 아이는 부모에게 대들게 되고 부모는 아이에게 완력을 써서라도 굴복시키려 든다.

어떤 상황에 처했을 때, 부모의 태도가 달라져도 문제이다.

"강아지 목욕시키는 날이다."

나는 아이의 할 일에 대해 말하고 있는데,

"괜찮아, 내일 해도 돼."

목욕시키려다가 남편의 말에 아이는 혼란스러워졌다. 목욕시키라고 다시 한 번 말하고 싶어도 눈치 없는 남편이 뭐라고 할지 몰라 속이 부글부글 끓었다. 강아지에 대한 다른 메시지를 받은 아이는 부모의 눈치를 보고 기회를 엿보게 된다.

'귀찮은데 잘됐다. 내일 봐서 해야겠다.'

3년 전 아이들의 성화에 못 이겨 사게 된 강아지의 식사준비, 배변처리 및 목욕시키기 등을 아이들과 분담했다. 강아지 목욕은 가장 큰 일이니 사달라고 조른 큰아이에게 맡겼다. 그러나 얼마 안 가서 귀찮은지 자꾸만 미루었다. 강아지 한 마리를 키우며 아이의 양육태도를 논하는 게 우습지만, 부모가 일관성 있게 하지 못해서 우리 집 강아지는 제때 목욕을 할 수 없었다.

부모가 서로 상의를 하고 정한 원칙을 지켜나가려는 노력을 보여야 한다. 결론을 내리기까지 물론 시간이 걸리겠지만 아이들은 그 과정을 보고 배우게 된다.

아이가 "엄마, 나 이번 주에 친구 집에서 자고 싶은데 아빠가 안 된다고 해. 엄마가 허락해주라"라고 물어오면 "그래? 아빠가 안 된다고 하신 이유가 있겠지. 아빠 들어오시면 엄마가 한번 말해 볼게" 하고 엄마는 말해야 한다. 아빠의 결정에 대한 존중을 아이에게 보여야 한다. 부모는 한팀이 되어 아이를 일관성 있게 키워야 한다. 좋은 부모가 되기 위한 필수 항목이다.

명확한 기준을 정하고 그 기준에 따라 양육해야 한다. 모호한 기준은 자녀에게 혼란을 주고 기회를 살피는 나쁜 버릇을 만든다. 기분에 따라 아이를 키우고 있다면 감정변화에 예민해져야 한다. 지금 내가 훈육을 하고 있는지 화풀이를 하고 있는지 객관적으로 볼 수 있어야 한다. 자녀가 자기 잘못에 대해 스스로 반성할 기회를 빼앗고 있는 것은 아닌지, 기회만 엿보는 아이로 만들고 있지는 않았는지 반성해야 한다.

부모의 일관성은 자녀에게 안정감을 주지만 그 반대의 경우에는 자녀에게 불안감을 조성한다. 일관성이란 A라는 행동을 하면 항상 B라는 결과가 나오는 것이다. 일관성이 없다면 A라는 행동을 했을 때 B도 나올 수 있고 C도 나올 수 있다. 상황이나 감정에 따라 변하는 결과는 아이들에게 혼란을 주게 된다. 자신의 잘못이 명백한데도 상황 탓을 하거나 부모의 탓을 하게 된다. 자녀를 키울 때 부모의 일관성이 필요한 이유이다.

 **정리하기**

- 감정에 의해 양육 태도가 달라지면 아이는 금방 눈치챈다. 부모가 화를 내는 것이 기분이 안 좋아서라는 것을 알면 잘못한 것을 반성하기보다는 운이 없다고 생각한다.
- 부모는 서로 상의하에 육아 원칙을 정하고 지켜나가야 한다. 시간이 걸려도 아이들은 그 과정을 보고 배운다.
- 기분에 따라 아이를 키우고 있다면 감정변화에 예민해져야 한다. 훈육인지 화풀이인지 객관적으로 볼 수 있어야 한다. 상황이나 감정에 따라 변하지 않는 부모의 일관성이 아이에게 안정감을 준다.

02

강요하기에 앞서
부모가 먼저
달라져야 한다

사춘기 아이들과의 관계가 좋다는 부모는 없다. 하나같이 힘들다고 말한다. 처음엔 달래다가 화를 내게 되고 지쳐버린다. 말을 한 번에 듣지도 않고 말꼬리 한번 잡으면 놓지를 않는다. 갱년기에 접어든 부모가 사춘기에 접어든 아이와 잘 지내기란 낙타가 바늘구멍으로 들어가는 것처럼 불가능해 보인다.

아이가 청개구리처럼 반대로만 말하게 하지 않는 비법이 있다. 말을 먼저 걸지 말고 먼저 하게 만들면 된다. 물론 말처럼 쉽지는 않다. 하지만 부모는 아이와 밀고 당기기를 해야 한다. 고수의 부모는 아이를 살피되 섣불리 먼저 나서지 않는다. 아이가 먼저 나서게 한다.

일주일마다 청소를 위해 집에 오던 가사도우미에게 문자메시지가 왔다.

"날도 더운데 일이 너무 많아요. 더 넓은 평수 아파트 일은 일당도 높지만, 일도 더 쉬워요. 이제부터 다른 사람 알아보세요."

내겐 청천벽력 같은 내용이었다. 직장 다니며 밥반찬 만들기도 벅차서 힘들어하다가 가사도우미에게 집 안 청소 도움을 받은 지 한 달 반 만에 일어난 일이었다. 청소를 꼼꼼히 해주셔서 만족해하고 있었는데 그분에게 우리 집 청소는 너무 힘든 일이었나 보다. 다섯 식구가 늘어놓은 방과 거실을 치우기도 힘든데 강아지까지 키우는 집을 좋아할 리가 없었다.

그 일을 혼자 해결해 볼까 생각도 했지만, 이번 일이 기회가 될 수도 있었다. 다른 분을 알아보지 않고 이번 기회에 내가 잔소리를 하지 않아도 자기 방 청소는 확실히 하게 해야 했다.

문자메시지를 아이들에게 보여주고 이제 우리 집에 오실 가사도우미는 이제는 없을 것 같다는 말로 운을 띄웠다.

"빨래가 너무 많았어. 빨래 건조대 2개를 다 쓰실 정도로…."

"일당을 높여 드린대도 안 오시겠대. 우리가 그동안 너무 했지?"

"엄마가 설거지만 쌓아 놓지 않았어도 이런 일은 없었을 거야."

나는 힘이 빠진 모양새로 자책했다. 며칠 후 먼저 큰아이에게 변화가 왔다. 책상 위를 깨끗이 하고 방을 쓸고 닦은 흔적이 역력했다. 다시 며칠 후에는 작은아이가 방 청소를 해놓았다. 스스로 해내고 칭찬받고 싶어서 생색까지 내었다. 잔소리해서 말을 듣는 아이들도 있다. 강요는 반발심만 낳게 되니 아이의 마음을 살피고 눈치를 봐야 한다.

'꿈은 이루어진다는 신념을 가지고 최선을 다하자.' 아이들이 초등학교 3

학년쯤 되면 학교에서 가훈을 적어오라고 한다. 살기에 바빠서 가훈을 생각해 본 적이 없었다가 숙제이기에 아이들과 상의한 후 만들어 내었다. 구체적으로 생각해 보지 않았지만 결국 가족들과 행복하게 사는 게 큰 꿈이었다. 큰 꿈 아래 가족들 각자가 어떤 일을 하며 살지 비전을 정하고 그것을 이루어 나가며 가족구성원들이 서로 응원하며 함께 할 때 비로소 행복해 질 것 같았다.

비전이 없다면 그것은 엘리베이터를 탔어도 몇 층으로 갈지 누르지 않는 것과 같다. 자녀에게 비전이 없다고 걱정하는 부모들이 많다. 공부에 재미를 느끼려면 일단 비전은 있어야 한다. 세상 살아가는 데 꼭 필요치 않은 그 어려운 미적분을 왜 배워야 하는지, 써먹지도 않을 영어단어는 왜 매일 30개씩 외워야 하는지 의문이 들 때도 있다.

아이보다 부모가 먼저 비전을 가져야 한다. 지금 현재 가지고 있는 비전이 무엇인가? 자녀가 진로를 못 정하고 있다고 걱정만 할 게 아니라 부모가 먼저 비전을 가지고 살아야 한다. 아이는 부모의 뒷모습을 보고 자란다. 부모가 노력하는 모습을 보면서 아이들도 뜨거운 열정으로 자신의 삶을 맞이할 것이다.

스팀 걸레를 발명해서 크게 성공한 CEO 한경희의 사례가 있다. 평범한 공무원이었던 그녀는 우연히 자신의 꿈을 발견하게 되었다. 집 안 청소 중 걸레질이 가장 힘들고 싫었다고 한다. 어떻게 하면 걸레질을 쉽게 할지 생각하다 보니 번득이는 아이디어가 떠올랐고 여러 번의 시도 끝에 드디어 스팀 걸레를 만들어 대박을 터트렸다. 아이에게만 몰두하지 말고 자기 일에 관심을 갖다보면 나도 그녀처럼 대박을 터트릴지도 모른다. 자신의 꿈에 가까이 갈 수 있도록 나에게 좀 더 몰두해야겠다고 생각했다.

사춘기 아이들은 관심을 간섭으로 생각하고 단순히 궁금해서 질문하는 것도 질책으로 생각한다. 예민한 사춘기 아이를 둔 부모일수록 이젠 자식에게 관심을 끄고 자신에게 관심을 쏟아야 한다. 그래야 강요할 일도 줄어들고 하고 싶은 일도 생각나게 된다.

'아니 지금이 어떤 시기인데…. 애들한테 쏟을 시간도 부족하다'라며 자신에게 쏟을 시간이 어디 있냐고 할 수도 있다. 그러나 자신 있게 말할 수 있다. 자녀는 부모가 부담을 주는 것보다 어쩌다 한마디 할 때 집중해서 듣는다.

"학교 다녀오느라 고생했다."

"사랑해."

이 두 마디만 하면 아이들의 표정이 달라진다. 퇴근 후에 아이들에게 온통 관심을 쏟을 때는 내가 하는 얘기를 못 들었다고 할 때가 많았다. 지금은 한 번만 말해도 알아듣는다. 좋은 표정과 좋은 목소리로 딱 한 번만 말하면 된다. 부모가 변하면 자녀는 곧 알아차린다. 좋은 변화를 통해 자녀를 이끌어 주어야 한다.

- 고수의 부모는 섣불리 먼저 나서지 않고 아이가 스스로 나서게 한다. 강요는 사춘기에 반발심만 낳게 되니 먼저 아이의 마음을 살펴라.

- 부모 먼저 비전을 갖고 살아라. 아이는 부모의 뒷모습을 보고 자라기 때문이다. 관심을 자녀에게 쏟지 말고 자신에게 먼저 쏟다 보면 아이는 저절로 달라진다.

- 자녀에게 꼭 하고 싶은 말은 간섭이 아닌 관심처럼 느끼게 하라. 여러 번 반복해서 말하지 말고 좋은 표정과 목소리로 딱 한 번만 말하면 된다.

내 아이에게
무엇이 가장 중요한지
고민해보라

모든 부모는 아이가 잘 자라서 세상에 필요한 사람이 되기를 바란다. 세상에 필요한 아이로 잘 자라려면 무엇이 필요한지 알아야 한다. 자녀교육, 가정의 안정된 분위기, 부모의 사랑, 형제간의 우애, 자유를 누릴 수 있을 정도의 경제력 등 많은 것들이 있다. 그러나 세상의 훌륭한 사람들에게는 앞에서 열거한 것 중 아무것도 없었던 경우도 많다.

미국의 첫 흑인 대통령 오바마는 어린 시절 힘겨운 시간을 보냈다. 지독한 가난과 인종차별, 부모의 부재로 인한 고통만이 있었다. 하지만 열심히 공부한 결과 하버드 로스쿨에 입학하고 대법원과 월 스트리트의 기업들에게 수많은 러브콜을 받았다. 오바마의 아내 미셸 역시 힘든 어린 시절을 보냈지만 지금은 퍼스트레이디로 많은 활약을 하고 있다.

오바마와 미셸의 어린 시절은 잘 자라기 위한 조건에서 어느 것 하나 뒷받침해주지 못했다. 그 어린 시절에 힘이 되어 준 단 한 가지는 공부였다. 공부는 세상의 차별, 편견, 가난도 극복할 수 있게 만든다. 다양한 기회와 성공을 선물로 보상해 준다.

공부는 가장 공평한 기회를 제공해 준다. 아무것도 없는데 공부조차 하지 않으면 기회가 오지 않는다. 하고자 마음만 먹는다면 누구나 공부할 수 있는 세상이다. 해외에 한 번도 나가 보지 못했으나 책 한 권, 미국 드라마 한 편으로 외국인과 자유자재로 대화하는 할아버지와 할머니도 있다. 그분들은 큰돈을 들이지 않고도 영어를 배웠다. 남들을 의식하지 않고 실생활에서 영어만 사용했고 수십 번씩 미국드라마를 반복해서 보고 따라 했을 뿐이다.

나는 다시 학창시절로 돌아갈 수만 있다면 공부를 열심히 할 수 있을 것 같다. 당시에는 공부해서 뭐가 되고 싶다는 생각을 해본 적이 없었고 구체적인 꿈도 없이 그저 학교만 다녔다. 동기부여가 되지 않아서 대학 전공도 점수 따라 하게 되었으니 공부는 재미가 없었다. 그러나 직장에 다니며 하고 싶은 대학원 공부를 할 때는 피곤한 줄도 몰랐다. 대학 자체가 목적이 된 공부에는 재미도 못 붙였지만 꿈을 이루기 위해 하는 공부는 잠을 줄여서라도 했다.

성공한 사람들의 공통점이 있다면 그건 '결핍'일 것이다. 보통의 아이들이 가지고 있는 것들이 그들에게는 없었다. 그것이 바로 성공 요인이 되었다. 높은 연기력으로 정평이 나 있는 배우 윤여정 씨는 자신의 연기력이 가장 좋았을 때는 당장 먹을 쌀이 없어 단역으로 다시 드라마를 하게 되었을 때라고 한다. 한때 영화계에서 주목받던 여주인공이 식모 역할 등의 단역이라도 하게 만들었던 것은 다름 아닌 가난이었다.

내 아이를 일부러 가난하게 키울 수는 없지만 다만 왜 공부를 해야 하는지 스스로 깨닫게 해주어야 한다. 공부는 동기부여가 되어야 하는 것이다. 동기부여에 좋은 것에는 여행이 있다.

부자들이나 부자가 아닌 사람도 여행을 즐긴다. 여행이 주는 설렘과 새로운 환경은 사람에게 활력이 되기도 하지만 깨달음을 얻게 하여 한 뼘 성장하는 계기를 마련해 준다.

독서는 동기부여에 효과적이다. 자기계발서도 좋고 인성과 상상력을 키워주는 동화책도 좋다. 심지어 만화책도 나쁘지 않다고 한다. 한 권의 책을 통해 자신의 진로를 정한 큰딸의 경우에도 사실 초등학교 저학년 때에는 서점에 가면 만화책만 사려고 해서 난감했다. 중학교 2학년 때까지 순정만화에 빠져 한 번에 이십 권씩 빌려다 새벽까지 보고 자곤 했다. 지금은 교내 글짓기대회에 나가면 항상 상장을 받아오니 만화책을 많이 본다고 나쁜 영향을 미치지는 않은 것 같다.

포기하고 싶은 순간에 많은 책을 읽고 다시 일어설 수 있었다는 사람이 있다. '민들레영토'의 창업자인 지승룡이다. 민들레영토는 신촌의 기찻길 옆 10평의 카페에서 시작해서 전국에 20개 이상의 지점이 있다. 600명의 직원이 하루 1만 명이 넘는 손님을 맞는 곳이라 한다. 이곳을 창업한 그는 원래 목사였다. 사연이 있어 교회에서 쫓겨나 3년 동안 백수생활을 했다. 그 3년 동안 도서관에서 2천 권에 가까운 책을 보게 되었고 그때 읽었던 책이

'민들레영토'를 만든 계기가 되었다. 책은 부모가 아이의 인생을 성공적으로 바꿔줄 수 있는 유일한 것이다.

- '결핍'은 성공한 사람들의 공통점이다. 보통의 아이들에게 주어지는 것이 없었던 것이 성공의 요인이라고 할 수 있다. 힘겨운 어린 시절의 결핍이 공부해야겠다는 동기부여가 되었다.
- 공부를 왜 해야 하는지 스스로 깨닫게 해야 한다. 말로 설득해서는 쉽게 동기부여가 되지 않는다.
- 여행이 주는 설렘과 새로운 환경은 깨달음을 주고 성장하게 한다.
- 독서의 중요성을 모르는 사람은 없다. 책은 동기부여도 해주고 인성과 상상력을 키워 주기도 한다. 책은 부모가 자녀의 인생을 성공적으로 바꿔줄 수 있는 유일한 것이다.

04

아이는
잔소리하는 부모의
행동을 배운다

잔소리는 언제 하게 될까? 아이가 실수할까 두려울 때, 모른다고 생각될 때이다. 하나라도 더 알려주고 싶은 마음을 아이들은 부모가 또 잔소리한다고 생각한다. 속으로는 '감 놔라, 배 놔라' 한다며 부모를 귀찮고 싫은 존재로 인식한다.

"엄마가 잔소리하고 소리치면 무서운 게 아니라 짜증 나고 한심해 보여."

둘째 아이는 나에 대해 아주 솔직히 말해줄 때가 있다. 아이는 잔소리를 부모의 관심이나 걱정이라 여기지 않고 짜증만 낸다.

부모가 잔소리하는 이유는 자녀가 밖에서 남에게 손가락질받을까 두려워서, 피해를 끼칠까 두려워서이다. 자녀에게 잘못되라고 잔소리하는 부모는 없다. 부모의 잔소리를 성인이 되어 그리워하는 사람들도 있다. 따뜻한 말로 하는 잔소리는 오히려 사랑처럼 느껴지는가 보다. 하지만 사춘기가 되면 잔소리는 어떤 말로 해도 좋게 들리지 않는다. 무슨 말을 해도 잔소리로 들리는 때라 역효과가 날 수 있다.

특히 일관성 없는 잔소리는 아이들에게 반항심만 갖게 한다. 왜 자신에게만 다른 잣대로 재냐며 대든다. 그런 때는 바로 인정해야 한다. 같은 실수를 하지 않도록 조심하고 어물쩍 넘어가지 말아야 한다. 어른들도 상대방이 잘못을 인정하지 않거나 구렁이 담 넘듯 하는 사람은 싫어하기 마련이다.

아이들은 클수록 부모의 권위에 도전하고 무시하려 든다. 그럴수록 부모는 더 심한 제재를 한다. 때로는 유치한 복수를 하려고 한다. 나의 경우에도 아이가 대들 때 더 심하게 호통을 치고 용돈을 안 주는 치사한 방법도 써봤다. 그러나 권위는 갈수록 떨어졌고 아이의 대항도 더욱 거세질 뿐이었다.

모든 것을 간섭하고 결정하려는 부모, 질서와 예절만 강요하는 부모, 남의 집 아이와 비교하는 부모의 잔소리에 자녀는 불만을 품게 된다. 자녀에게 존중받고 싶다면 잔소리를 멈추고 인격적으로 성숙한 행동을 보고 따라 하게 하는 수밖에 없다.

사춘기 아이들에게 '부모' 하면 떠오르는 이미지는 '잔소리꾼'이다. 부모들은 "항상 자신만 옳다고 생각한다", "부모들은 말과 행동이 다르다", "아직도 나를 아이처럼 생각한다"라며 불만이 많다. 한마디로 사춘기의 아이들은 부모의 말은 듣기도 싫은 잔소리로만 여기고 있다.

미국 피츠버그대와 UC버클리, 하버드대가 공동 연구한 결과에 의하면 14세 사춘기들에게 특정한 녹음을 30초간 들려주었더니, 사춘기의 뇌 중 부정적인 감정에 관한 영역은 점점 활성화되었고 공감하는 데 필요한 뇌의 활동은 점점 줄어들었다고 한다. 실험에 쓰인 녹음은 말과 행동이 다른 부모의 잔소리였다. 부모의 잔소리를 들을 때, 사춘기의 뇌는 멈춘다는 것이다. 사춘기 자녀에게 잔소리는 독이 될 뿐이다.

자녀에게 끊임없이 "공부하라!"라고 잔소리하면 다른 사람에게 강요하는 태도를 배울 것이다. 자신은 빨간색 불에도 횡단보도를 마구 건너다니면서 자녀에게 질서를 지키라고 하면 자신과 타인에게 다른 잣대를 쓰는 이중적인 태도를 배울 것이다.

정리하기

- 자녀에게 존중받고 싶으면 잔소리를 멈춰라.
- 자녀에게 잔소리만 하고 말과 행동이 다른 부모에게 아이는 이중적인 태도를 배운다.

05

매일
아이와의
이별 연습을 하자

서로에게 독립적인 존재가 될 때 완성되는 사랑이 있다. 바로 부모와 자식 간의 사랑이다. 자식에 대한 진정한 사랑은 자식을 떠나보내는 것, 독립하도록 도와주는 것이다.

자식은 언젠가는 자기 길을 찾아 떠나가는 존재다. 사춘기는 부모와 자녀가 심리적인 이별을 연습하는 시기이다. 아이는 어느 날 갑자기 어른이 되고 느닷없이 떠나가는 것이 아니라 매일매일 조금씩 부모를 떠나간다. 사춘기는 특히 그런 일이 집중적으로 일어난다.

요즘은 성장이 빨라서 대부분 초등학교 고학년이면 사춘기를 맞이하게 된다. 저학년 때는 그렇게 말을 잘 듣던 착한 아이가 어느 날 갑자기 부모 말을 거스르거나 엇나가기 시작하면 슬슬 신호가 오는 것으로 생각해야 한다.

큰아이가 곧 스무 살이 될 거라고 생각하니 조급해졌다. 그때가 되면 독립해서 나갈 수도 있는데 사춘기 이후엔 나쁜 추억만 가지고 있을 것 같아서였다. '이제부터라도 좋은 관계를 맺고 좋은 추억만 갖게 하자'라는 생각이 들었다. 그런 날이 와도 섭섭함이나 아쉬움이 없도록 아이와의 관계를 잘 유지해 나가야겠다.

TV 프로그램, 만화책, 혹은 요즘 뜨는 UCC라든가, 게임, 연예인 등 아이가 관심을 가지는 어떤 것이라도 좋을 것 같다. 아이와 세상을 재미있게 이야기해보는 시간을 가지며 가끔은 엉뚱한 모습으로 아이에게 다가가려 한다. 어릴 때 좋은 추억이 담긴 물건이나 사진을 보며 친밀감을 느낄 수만 있다면 얼마나 좋을까? 상상만 해도 즐거운 일이다.

사춘기 아이와 잘 지내는 게 쉽지 않다는 것은 부모뿐 아니라 아이도 알고 있다. 아이는 뭔지 모르게 불안해지고 알 수 없는 분노가 치밀어 오른다고 말할 때도 있다.

기분을 살피고 괜찮다 싶어서 뭘 물어보기라도 하면 "몰라. 짜증 나. 자꾸 묻지 마"라며 대꾸하는 통에 무안하기도 하고 덩달아 화가 나기도 한다. 어떤 날은 말을 안 해도 너무나 확실히 표정에 드러나 있어서 아예 말을 걸지 말아야 한다.

한동안 아이들에게 큰 소리 안 내려고 노력했지만 작년 봄에는 한바탕 전쟁이 났다.

"○○아, 아침 먹자." 아침밥상을 차려놨는데 둘째 아이가 침대에 누워만 있었다. 밥 먹으라는 얘기를 5번이나 해도 꿈쩍하지 않았다. 결국 화가 나서 소리치며 씩씩대다가 큰아이에게로 화살을 돌렸다.

"○○는 엊그제 학교에서 오자마자 가정통신문 엄마한테 주었다더라. 너는 왜 이틀이 지나도 안 주는 거냐."

"깜빡했어. 왜 갑자기 화를 내는 건데? 먼저 달라는 얘기도 안 했잖아."

"달라는 얘기를 해야 주는 거니?"

이때 남편이 아이 방에 들어와서는 "엄마한테 말버릇이 그게 뭐야?"라며 호통을 쳤다. 아침밥만 식어가며 집안 분위기는 엉망이 되어버렸다. '이게 뭐야, 또 내가 토요일 아침을 다 망쳐 버렸어'라며 후회가 되었다. '엄마가 다른 일로 화가 난 상태에서 가정통신문에 대한 말을 꺼낸 건 실수야. 아빠가 호통을 친 건 엄마가 원인을 제공한 거야. 정말 미안하다'라는 문자메시지를 보냈다. 너무 버릇없이 구는 아이를 보다 못해 남편이 나섰는데 다 내 탓인 것만 같아서 마음이 쓰라렸다.

그날 아침에 있었던 일로 온종일 우울하게 지내다가 저녁이 돼서야 아이와 방에서 다시 얘기하며 화해를 시도했다. 진심으로 사과하니 아이는 눈물을 흘리며 상처받았던 지난 일에 대해 하나둘씩 말을 꺼냈다. 그렇게 하루가 지나자 신기하게도 아이의 표정과 말투가 조금씩 부드러워졌다.

"나쁜 기억을 지울 수는 없겠지만 거기에 얽매이지 말고 앞으로 웃을 일만 만들자"라며 진심을 담은 말로 화해를 요청했던 게 아이에게 잘 전달된 것 같았다.

아이를 낳고 키우는 것은 젖을 떼는 것부터 대소변을 가리게 하는 것, 말을 하고 글을 읽는 것, 학교에 가는 것, 사회에 나가 홀로 서는 것까지 때에 맞게 할 수 있도록 하는 것이다. 사회에 나가 혼자 이겨내려면 사춘기에 부모는 아이와 이별 연습을 해야 한다. 이미 아이는 심리적으로 부모 곁에서 떠나려 하는데 아직도 물가에 내놓은 자식처럼 보살핀다면 그 아이는 답답함을 느낀다. 이때 거리를 두고 지켜보다 성인이 되면 기꺼이 놓아주어야 한다. 그러기 위해 부모는 끊임없이 배우고 노력해야 한다. 별다른 준비 없이 있다 보면 그 시기를 놓치고 서로 사이만 멀어질 수도 있다. 이제는 잘 떠나보낼 수 있는 준비된 부모가 되어야 한다.

 **정리하기**

- 사춘기는 매일매일 조금씩 부모를 떠나가는 시기다. 부모는 자식과 심리적인 이별 연습을 해야 할 필요가 있다. 갑자기 이별하는 날이 와도 아쉬움이 없게 아이와의 관계를 잘 유지해야 한다.
- 아이를 잘 키우는 것은 결국 사회에 나가 홀로서는 것을 잘하게 만드는 것이다. 자녀가 사춘기가 되면 떠나보낼 준비를 해야 한다.

06

책에만 의존해서 아이를 가르치지 마라

훈육에 대한 어른과 아이의 생각은 참 다르다. 부모가 느끼는 것과 아이가 느끼는 것은 많은 차이가 있다. 어른들의 사고방식과 아이들의 사고방식이 다르기 때문이다. 적절하지 못한 훈육을 하고 있어도 어른들은 잘하고 있다고 느끼고, 아이들은 어른들의 훈육에 대한 불편한 감정들을 느끼고 있다. 어른들은 훈육을 하며 갈팡질팡할 때도 있고 당황할 때도 있다. 그래서 육아에 관한 책을 읽고 실제로 적용해 보기도 한다.

자녀교육에 대한 좋은 책이 많이 나와 있다. 너무 많아서 혼란스러울 정도이다. 책을 읽고 나면 고민에 빠질 때도 있다. 내 아이에게 맞는 내용인지도 모르겠고 모두 다 그럴듯해서 중심을 못 잡고 갈팡질팡하기도 한다. 책에 의존하지 말고 아이와 함께 놀아주며 고민하라. 답이 없다고 포기하지 말고 마주하고 고민하는 것이 중요하다.

한때 미술학원에서 초등학생들을 가르쳤던 막내 여동생은 아이들이 제일 무섭다고 했다. 얼마나 힘들었으면 결혼해도 아이는 낳고 싶지도 않다고 했다. 통제하기 어려운 아이들을 바라보고 있으면 답답해진다고 했다. 말 안 듣고 대드는 아이들이 결혼도 안 한 아가씨에겐 무섭기도 했을 것이다. 그러나 결혼 후에는 남자아이 둘을 낳아 거뜬히 키워내고 있다. 아이를 낳고 모성애가 생겨서인지 힘들어도 잘 헤쳐나가고 있다.

청소년들이 두세 명 모여 있는 길로 가려면 왠지 긴장될 때가 있다. 공공장소에서 애정행각을 하고 있어도 모른 체하고 있을 때도 있다. 당연한 훈계도 이제는 어려운 세상이다. 언제부터일까. 훈계가 화제가 될 만큼 훈계하기 무섭다. 훈계하는 어른에게 해코지하는 아이들이 무섭다.

전에 살던 아파트 경비원의 이야기는 씁쓸하게 들렸다. 아파트 구석에서 담배를 피우는 손자 나이의 학생들에게 "여기서 담배 피우면 안 된다. 다른 데로 가라"라고 해야지, "학생이 담배를 피우면 안 되지"라고 강하게 말은 못한다고 한다. 부모도 아닌데 무슨 권리로 상관 하냐며 대드는 경우가 대부분이라고 했다.

놀이터에서 담배 피우던 십 대들에게 훈계해서 유명세를 탔던 농구선수 이현호의 사례다. 청소년들이 대놓고 공공장소에서 담배를 피우는 걸 그냥 넘기지 못했던 그가 그러지 말라며 타이르다 꿀밤을 때렸다. "아저씨, 돈 많아요?"라며 비아냥거리는 여학생에게 '꿀밤' 수준으로 머리를 쥐어박았는데 그 자리에 있던 다른 여학생이 경찰에 신고했다.

담배 피우는 걸 나무라다가 청소년들에게 폭행을 당했다는 뉴스를 흔치 않게 본다. 훈계하다 자칫하면 망신당하기 십상이라 모른 체하는 세상에 농구선수 이현호의 꿀밤은 신선하기까지 했다. 경찰서 신세는 졌지만 모범시민으로 인정받아 청소년 선도 홍보대사로 위촉되어 스포트라이트를 받으며 이름을 날렸다.

'아이 하나를 키우려면 온 마을이 필요하다'는 인디언 속담이 있다. 내 아이 남의 아이 할 것 없이 훈계하던 옛 조상들의 지혜와 일맥상통한다. 다산 정약용은 유배지에서도 술에 빠져 살던 둘째 아들 학유에게 편지를 보내 훈계를 했다. 옛 조상들도 자녀의 훈육문제를 가장 중요한 일로 여겼나 보다. 아들을 이끌어 주려고 유배지에서 편지를 썼다는 것에 예나 지금이나 자식을 생각하는 부모의 마음은 똑같다는 생각이 든다.

많은 양육서에는 아이들의 잘못된 양상이 엄마 탓이라는 부정적인 내용으로 채워져 거부감이 들고 죄인이 된 느낌이 들 때도 있다. 엄마의 무관심이 아이를 삐딱하게 자라게 한다는 책도 있지만, 엄마의 무관심이 아이를 능력 있게 자라게 한다는 책도 있다. 둘 다 정답일 때도 있고 어느 것도 정답이 아닐 때도 있다. 결국 엄마의 마음에 달려있다. 책으로 아이를 키울 게 아니라 마음으로 키워야 한다.

아이들이 책을 통해 배운 대로 적용되지도 않고 개성이 다르고 상황도 다르다. 엄마의 마음이 시키는 대로 아이를 가르치는 것이 가장 정확하다. 아이를 가장 잘 알고 있는 엄마의 마음이 책보다 영향력 있다. 책을 지나치게 맹신하지 말고 전문가의 견해를 알아보는 정도로 읽는 것이 좋다.

- 책을 통해 배운 육아법이 모든 아이에게 적용되지는 않는다. 책은 참고만 하고 아이와 함께 놀아주며 고민하라. 답이 없다며 포기하지 말고 마주하고 고민하는 게 중요하다.

- 책마다 양육에 대한 해석이 다르게 쓰여 있다. 아이마다 개성과 상황을 생각하면 정답일 수도 아닐 수도 있다. 결국 엄마의 마음에 달려있다. 엄마의 마음이 책보다 정확하다.

07

나의 가치관은
곧 아이의
가치관이 된다

"아이는 부모의 욕망을 욕망한다."

『건투를 빈다』에서 김어준이 한 말이다. 부모의 마음에 들기 위해 자녀들이 시험성적에 매달린다. 경쟁에서 살아남기를 바라는 부모의 욕망을 그대로 욕망하는 것이다.

자녀를 키우는 동안 '좋은 부모 노릇을 할 수 있을까?'라는 질문이 머리에서 맴돌게 된다. 초등학교 이후로는 아이가 엄마를 좋아하게 하는 게 얼마나 힘든 일인지 키워보면 안다. 아무래도 학교 숙제 때문에 아이를 재촉하고 시험성적 때문에 채근하다 보니 하루에도 몇 번씩 호통치게 되고 그런 일이 몇 번 반복되면서 사이가 틀어진다.

채근과 호통은 아이가 숙제하기 싫어하고 시험만 보면 스트레스를 받는 이유로 자리 잡는다. 항상 좋은 표정으로 좋은 말을 해주는 것이 좋은 부모가 되는 가장 빠른 길이다. 좋은 표정과 말이 자연스럽게 부모와 아이의 가치관을 올바르게 형성하게 한다.

자녀가 부모의 가치관을 인정하려 들지 않고 반기를 들 때가 있다. 사춘기를 통해 가치관에 반하는 행동과 말로 주목을 받으려고 하는 심리가 작용하기 때문이다. 그러나 부모의 가치관은 곧 자녀의 가치관이 된다. 부모의 영향권 안에 있는 자녀 중 종종 그런 경우를 볼 수가 있다. 부모의 훈계나 삶의 태도에 대해서 자녀는 일부러 무관심한 척을 할 수는 있으나 부모의 가치관이 흡수되어 있어 무관하지는 않다. 사는 동안 서로 상처를 주고받기도 사랑을 주고받기도 하며 저절로 닮아간다.

'나는 누구인가?'라는 질문이 머릿속에서 떠나지 않게 되면 사춘기가 된 것이다. 사실 어른이 되어서도 드는 질문이다. 근원적인 물음에 대한 답을 찾기가 여간 어려운 것이 아니다.

'너는 좀 사차원 같아', '너는 엉뚱하지만 착해', '넌 쿨해서 좋아' 주변 사람들에게 물어봐도 다 대답이 달라서 더욱 답을 찾기가 어려워진다.

답을 찾는 데 가장 영향을 미치는 사람은 부모이다. 알게 모르게 말투를 닮게 되고 행동을 따라 하게 되어서 부모를 통해 나를 알아가게 되는 것이다.

부모는 아이에게 거울이 된다. 부모가 하는 대로 따라 하게 된다. 좋은 가치관을 심어줄 수 있는 가능성이 크기 때문에 부모가 어떤 가치관으로 살고 있는지는 중요하다. 아이가 부모의 욕망을 욕망하듯이 부모의 가치관을 닮아간다. 부모가 아이의 성적을 욕망하면 아이는 부모의 마음에 들려고 시험

성적을 잘 받기 위해 노력한다.

결국 부모가 답이다. 부모의 가치관은 이미 모양이 형성되어있다. 아이의 가치관은 부모가 준비하는 그릇에 따라 모양이 달라진다. 아이의 가치관을 형성하는 데에 부모의 역할은 정말 중요하다. 어린 시절 잘못된 가치관 때문에 평생토록 불행하게 사는 사람들도 있다. 좋은 가치관을 심어주는 게 부모의 가장 큰 숙제라고 할 수 있다.

무엇이 옳고 그른지 판단하는 기준인 가치관을 어떻게 형성해야 할까? 마음에서 우러나와 저절로 행해지는 것이 가치관이다. 세상이 변하면 가치관이 변하기도 한다. 양보가 미덕인 세대에 태어난 부모도 있지만 양보보다는 소중한 내가 우선이 되어야 하는 세대에 태어난 부모도 있다. 그래서 가치관은 시기에 따라 상황에 따라 사람마다 다 다르다.

누구나 행복하길 바라지만 행복의 기준은 가치관에 따라 달라진다. 돈이 최고라고 생각하는 사람에게는 많은 돈을 벌 때가 가장 행복할 것이고, 명예가 최고라고 생각하는 사람에게는 세상 사람들의 존경을 받을 때가 가장 행복할 것이다. 이러한 가치관들이 자녀에게도 그대로 흡수가 되기 때문에 부모의 가치관은 중요하다. 이미 형성된 부모의 가치관은 아직 형태가 없는 아이의 가치관으로 되기 전에 꼭 점검이 필요하다. 부모의 역할을 위해 가치관의 재정립이 필요할 때도 있다. 기존의 가치관이 변해야 하는 경우도 생기니 상황에 따라 유연하게 대처해야 한다. 돌처럼 굳어지기 전에 건전한 가치관을 갖도록 노력해야 할 것이다.

이제부터 건전한 가치관을 갖기 위해 하루에 한 번씩 이렇게 외쳐보자.

'행복을 최우선으로 생각하는 부모의 가치관은 행복한 아이로 키운다.'

'사랑을 최우선으로 생각하는 부모의 가치관은 사랑받는 아이로 키운다.'

'배려를 최우선으로 생각하는 부모의 가치관은 배려받는 아이로 키운다.'

 정리하기

- 항상 좋은 표정을 짓고 좋은 말을 해주는 것이 좋은 부모가 되는 지름길이다. 아이를 위한 좋은 표정과 좋은 말은 자연스럽게 올바른 가치관을 형성시켜 준다.
- 부모는 아이에게 거울이 된다. 부모의 행동을 따라 하게 되고 가치관까지 닮아가게 되는 것이다. 그래서 부모가 어떤 가치관으로 살고 있는지가 중요하다.
- 부모가 준비하는 그릇에 따라 아이의 가치관은 달라진다. 어린 시절부터 좋은 가치관이 형성될 수 있도록 노력하는 것이 부모의 가장 큰 숙제다.
- 이미 형성된 부모의 가치관이 곧 아이의 가치관이 되기에 자신의 가치관을 꼭 점검해 봐야 한다. 가치관의 재정립이 필요할 수도 있고 변할 수도 있으니 상황에 따라 유연하게 대처해야 할 것이다.